Der Fall Marinelli
Greta und Christiane auf heißer Spur

Bibliografische Information der Deutschen Bibliothek

Die Deutsche Nationalbibliothek verzeichnet diese Publikation in der Deutschen Nationalbibliografie; detaillierte bibliografische Daten sind im Internet über http://d-nb.de aufrufbar.

1. Auflage
Alle Rechte vorbehalten
© Verlag Iris Förster, Waiblingen, 2007

ISBN 978-3-938812-03-7

Peter Kundmüller

Der Fall Marinelli
Greta und Christiane auf heißer Spur

Ein Krimi aus Waiblingen
nicht nur für Kinder

mit Illustrationen von Gisela Pfohl

Ähnlichkeiten mit realen Orten sind absichtlich gewollt. Alle Personen und die Handlung dieses Buches sind frei erfunden. Bezüge zu realen Menschen oder Vorkommnissen gibt es nicht oder sind nicht beabsichtigt.

Vorstellungsrunde

Greta

Greta ist ein Mädchen und derzeit elf Jahre alt. Sie besucht die fünfte Klasse in einem großen Schulzentrum von Waiblingen. Greta wohnt in der Nähe der Schule zusammen mit ihren Eltern in einer Wohnung. Leider haben sie keinen eigenen Garten, deshalb ist sie sehr oft bei Christiane zu Besuch.

Greta hat braune Augen und ebensolche Haare, die meistens ziemlich verstrubbelt auf ihrem Kopf stehen. „Du musst dich noch kämmen" ist einer der häufigsten Sätze, die Greta von ihren Eltern zu hören bekommt.

Greta mag Hunde sehr gerne, und so hat sie auch die Marinellis kennengelernt.

Christiane

Christiane ist ebenfalls elf Jahre alt und geht zusammen mit Greta nicht nur in die gleiche Schule, sondern auch in die selbe Klasse. Damit sind die Gemeinsamkeiten allerdings auch schon vorbei. Christiane hat blonde Haare, die sie zu einem Zopf gebunden trägt.
Christiane wohnt nur ein paar Häuser neben Greta, sodass sie jeden Morgen zusammen in die Schule gehen können.

Frau und Herr Marinelli

Die Marinellis leben schon seit sehr langer Zeit in Waiblingen, sie können sich schon gar nicht mehr genau erinnern, wie lange schon. Herr Marinelli meint, dass es mindestens schon 25 Jahre sind, Frau Marinelli weiß aber, dass es genau 23 Jahre sind. Manchmal streiten die Marinellis sich so laut, dass man es fast in der ganzen Straße hören kann.

Ferrari

Ferrari ist ein Mischlingshund, bei dem man nicht genau weiß, welche Rassen in seinem Stammbaum vorkommen. Er saß eines Tages vor der Tür des Nudelladens und winselte Frau Marinelli an. Frau Marinelli nahm Ferrari mit in den Laden und malte ein Schild: „Wer kann meinen kleinen Hund ausführen? Bitte im Laden melden!" Ein paar Tage später kamen Greta und Christiane herein, und so hat alles begonnen.

Waiblingen

Waiblingen ist eine schöne Stadt im Großraum Stuttgart. Hier leben 50.000 Einwohner in der Kernstadt und in den Stadtteilen Beinstein, Hegnach, Neustadt, Hohenacker und Bittenfeld.
Die Geschichte in diesem Buch spielt in der Kernstadt von Waiblingen, und zwar genau in der Altstadt. Hier gibt es eine Stadtmauer, einen Marktplatz und zwei alte Türme: den Beinsteiner Torturm und den Hochwachtturm.
In der Geschichte kommen manche Sachen vor, die es tatsächlich in Waiblingen nicht gibt, die es vielleicht aber so ähnlich geben könnte.

Erstes Kapitel
Marinellis Nudelladen

Herr Marinelli ist ein gemütlicher Mann, der keiner Fliege etwas zu Leide tun kann. Er hat seinen kleinen Nudelladen am Rande der Altstadt von Waiblingen, in der Kurzen Straße nahe der Stadtmauer. Wenn man am Marktplatz rechts abbiegt, Richtung Beinsteiner Tor, ist man schon fast da.

Hier gibt es alles, was man für ein richtiges Nudelessen braucht: lange oder kurze Spagetti, Röhrennudeln, die man sich über den Finger stülpen kann und natürlich Schmetterlingsnudeln. Die Nudeln liegen auf silbernen Platten im Schaufenster und sehen sehr lecker aus.

Hinter der gläsernen Theke im Laden stehen dann noch zwei oder drei Töpfe, denn jeden Tag kocht Frau Marinelli Soßen zu den Nudeln.

Zumindest im Sommer ist es mitunter ein Problem, dass Herr Marinelli selbst zu den Fliegen so freundlich ist, denn dann muss er sie aus seinem Laden verscheuchen, damit sie nicht in einen der Soßentöpfe fliegen.

Jetzt ist der Sommer allerdings vorbei, die Stadt

hat sich für die Adventszeit geschmückt. In Marinellis Schaufenster hängt eine Girlande mit leuchtenden Sternen und Frau Marinelli gibt jedem Kind, das in den Laden kommt, ein kleines Bild mit einem Engel darauf.

Der Laden ist recht klein, außer der Theke gibt es noch Platz für zwei Tische, an denen jeweils vier Stühle stehen und eine Tür, die nach hinten in die Wohnung der Marinellis führt.

Hinter der Tür, im Flur, steht die Nudelmaschine. Meistens steht die Tür offen, aber da es im Flur dunkel ist, könnte man meinen, dort stehe eine Bügelmaschine. Das dachte jedenfalls Greta früher immer, als sie noch ein kleines Mädchen war und in den Kindergarten ging. Jetzt ist sie bereits elf und hat schon oft gesehen, wie Herr Marinelli einen Teigballen in die Maschine tut und unten die fertigen Nudeln heraus purzeln.

Greta gehört zu den Menschen, die Herrn Marinellis Nudeln so lecker finden, dass sie am liebsten nur noch davon leben würde. Steigern kann man den Genuss nur noch dadurch, dass man eine der Soßen, die Frau Marinelli täglich frisch kocht, über die Nudeln gießt. Und weil Greta gerne in die Stadt geht und die Nudeln der Marinellis so lecker findet, ist einer der beiden

Tische im Laden ihr Stammtisch. Hier sitzt sie oft zusammen mit ihrer Freundin Christiane und probiert Soßen.

„Was für eine Soße kochen Sie heute?" fragt dann eins der Mädchen, und Frau Marinelli antwortet jedesmal „ Ich weiß es noch nicht, das stellt sich erst beim Kochen heraus!"

Und dann tut sie immer mehr Zutaten und Gewürze in die Soße und Greta und Christiane probieren so lange, bis die Soße nicht nur gut schmeckt sondern sehr gut. Wenn sie dann satt sind, stellen sie die Teller auf die Theke und kraulen Ferrari.

Ferrari ist ein schwarzer Mischling, dem man weder seine Rasse ansehen kann noch genau weiß, wo eigentlich vorne oder hinten bei ihm ist. An Schultagen haben die Mädchen nicht viel Zeit und kommen nur kurz am Nachmittag. Samstags jedoch sind sie immer pünktlich um halb zehn im Laden.

Obwohl heute nicht Sams-, sondern Freitag und obwohl es Vor- und nicht Nachmittag ist sitzen Greta und Christiane an ihrem Tisch bei den Marinellis. Mathe ist ausgefallen, und bevor sie sich woanders langweilen, können sie auch hier sitzen und Ferrari kraulen. Sie trinken Limonade

aus kleinen Fläschchen und tun sonst nichts.
„Seltsam", sagt Herr Marinelli. „Eben habe ich einen Brief bekommen. Von einem Herrn Klaus. Er möchte mich in den nächsten Tagen besuchen und etwas Wichtiges mit mir besprechen. Aber ich kenne gar keinen Herrn Klaus."

Zweites Kapitel
Der falsche Herr Klaus

Am nächsten Tag sind Greta und Christiane früh unterwegs. Bevor die Schule anfängt, wollen sie noch im Telefonbuch nachschauen, ob es darin einen Herrn Klaus gibt. Vielleicht wohnt er ja in der Nähe und man kann ihn anrufen und fragen, worum es denn geht.

Herr Marinelli war durch den Brief ziemlich verstört, er hatte so lange vor sich hingegrummelt, dass Greta schließlich anbot, ein wenig nach diesem Herrn Klaus zu forschen. Herr Marinelli hatte das zwar nicht beruhigt, aber es war Mittag geworden und Greta und Christiane mussten nach Hause.
„Wir erledigen das für sie", hatte Greta noch gerufen und war mit ihrer Freundin aus dem Laden gelaufen.

Sie müssen nur ein klein wenig von ihrem gewohnten Schulweg abweichen, dann kommen sie an der Gärtnerei am Friedhof vorbei, und dort steht eine Telefonzelle.

„Immerhin gibt es hier ein Telefonbuch!" stellt Christiane fest.
„Mach schneller", drängelt Greta. „Ich friere."
„Kommt K vor M oder danach?" fragt Christiane.
„Bist du ein Baby, dem man noch das Sprechen beibringen muss?" Greta macht sich lustig.
„Komm, lass mich das suchen." Sie reißt Christiane das Buch aus der Hand und blättert. „Hier ist doch K!" Greta schlägt die Seite um. „Und hier ist Kl." Greta blättert noch mal um. „Jemand hat die Seite herausgerissen!" ruft sie empört. „Genau die Seite, die wir jetzt brauchen. Kann das denn Zufall sein?"

Am Nachmittag laufen die beiden Mädchen in die Stadt, um schnell zu Marinellis Nudelladen zu kommen. Sie wollen von der fehlenden Seite im Telefonbuch erzählen und sind neugierig, ob Marinellis schon etwas Neues über Herrn Klaus wissen.
Als sie vom Marktplatz in die Kurze Straße einbiegen, sehen sie drei Männer auf der Straße stehen. Sie unterhalten sich und zeigen auf das Haus, in dem unten Marinellis Nudelladen ist. Ferrari steht vor der Tür und kläfft die fremden Männer an.

Als Greta und Christiane näher kommen, sehen sie, dass es drei sehr feine Herren sein müssen, denn sie haben edle Anzüge in schwarz und grau an und tragen polierte Lederschuhe. Die Mädchen bleiben in sicherer Entfernung stehen und sehen sich das Schaufenster eines Friseursalons an.

„Sehr gute Bausubstanz", hören sie einen der Männer sagen. „Ideales Objekt für unsere Investoren", sagt der nächste. „Ich habe eine Idee, wie wir die hier rauskriegen können", sagt der dritte.

Bevor sie die beiden Mädchen bemerken, drehen sich die Männer um und gehen die Straße hinunter.

„Eigentlich müssten wir die jetzt verfolgen", stellt Greta fest. „Verfolgen?" Christianes Stimme überschlägt sich fast. „Du bist ja verrückt." „Dann bleib du wenigstens hier auf der Straße stehen und pass auf, ob diese Typen noch mal vorbeikommen." Greta sagt das so eindringlich, dass Christiane ihr nicht mehr widersprechen kann. „Und wenn sie vorbeikommen?" fragt sie beinahe ängstlich.

„Dann hör zu, was sie sagen."

„Herr Marinelli, Frau Marinelli!" ruft Greta, als sie in den Laden stürmt.

„Gerade habe ich sehr viel zu tun", sagt Frau Marinelli. Setz dich hin und warte, bis ich Zeit für dich habe."

Tatsächlich sind einige Kunden im Laden. Herr Marinelli ist nirgends zu sehen. Frau Marinelli muss also nicht nur die Soße abfüllen, sondern auch die Nudeln wiegen.

„Greta, holst du mir bitte eine Tüte Mehl aus der Mehlkammer?" fragt Frau Marinelli, und natürlich geht Greta los. Sie kennt sich gut in dem Haus der Marinellis aus, und sie hilft gerne.

Als sie mit dem Mehl im Arm wieder in den Laden kommt, hört sie die Ladenklingel und dann eine Stimme, die ihr bekannt vorkommt. Sie bleibt im Flur stehen.

„Guten Tag, Frau Marinelli", sagt die Stimme.

„Guten Tag, sind sie Herr Klaus?" entgegnet Frau Marinelli.

„Ich?" die Stimme stottert, „Äh also ja, ja sicher bin ich Herr Klaus. Ich bin schon ein paar Mal an ihrem Laden vorbeigekommen, er gefällt mir so gut, dass ich ihnen einen Vorschlag machen möchte."

„Ja, gerne, da bin ich ja gespannt." Frau Marinelli fühlt sich geschmeichelt.

„Sie haben sicher von dem neuen Einkaufs-

zentrum gehört, das jetzt gebaut werden soll. Da können wir uns ihren Laden sehr gut vorstellen. Dann sind Sie nicht mehr hier in dieser alten Bruchbude. Es gibt dort moderne Geschäftsräume und für die Mieter der Läden bieten wir natürlich gute Konditionen beim Kauf einer Wohnung im Obergeschoss an. Ich lasse Ihnen meine Karte da, dann können Sie sich melden, falls Sie Interesse haben."
Höflich nickend verlässt der Mann, der behauptet, Herr Klaus zu sein, den Laden.

„Greta!" ruft Frau Marinelli und kommt in den Flur. „Stell dir vor, was dieser Herr Klaus von uns wollte! Aber Greta, warum bist du denn so blass? Ist dir ein Gespenst begegnet?"
Greta starrt Frau Marinelli entgeistert an.
„Ich habe seine Stimme erkannt!" Greta ist aufgeregt. „Das war nicht der Herr Klaus, der den Brief geschrieben hat."
„Aber Greta", versucht Frau Marinelli sie zu beruhigen. „Wer sollte das denn sonst sein?"
„Irgendetwas stimmt hier nicht", beharrt Greta.
„Er war sehr freundlich und hat unseren Laden gelobt", entgegnet Frau Marinelli. „Da ist mir egal, wie er heißt."
"Warum glauben Sie mir denn nicht?" ruft Greta. Sie stürmt aus dem Laden. Christiane ist verschwunden.
„Muss man denn alles alleine machen?" Mit diesen Worten trabt Greta in Richtung Marktplatz davon. Frau Marinelli schaut ihr kopfschüttelnd nach.

Drittes Kapitel
Verfolgungsjagd

Am nächsten Tag hat Greta erst in der großen Pause die Gelegenheit, sich mit Christiane zu unterhalten.
„Komm mit, wir müssen unbedingt reden." Greta zieht Christiane am Ärmel hinter sich her bis sie in der Toilette sind und sich in der hintersten Kabine eingeschlossen haben.
„Hast du gestern noch irgendetwas herausgefunden? Wo warst du denn überhaupt?" Greta ist vor Neugierde kaum zu bremsen.
„Die drei sind in Richtung Beinsteiner Torturm gegangen", berichtet Christiane. „Dann sind zwei von ihnen in ein ziemlich großes Auto eingestiegen. Einer hat sich plötzlich umgedreht und ist wieder zurück gegangen. Er hat mich direkt angeschaut, es war mir so peinlich, dass ich unmöglich direkt hinter ihm her gehen konnte." Bei dem Gedanken daran verdreht Christiane die Augen.
„Kurz nachdem wir die Männer draußen vor dem Laden gesehen hatten, kam einer zurück in den Laden. Das muss der gewesen sein, der dich

angeschaut hat. Ich habe ihn nicht gesehen, aber ich habe seine Stimme erkannt." Greta flüstert aufgeregt. „Was wollte er denn?" Christiane platzt fast vor Neugierde.
„Er hat behauptet, dass er der Herr Klaus wäre, ich glaube das aber nicht. Und dann hat er Frau Marinelli erzählt, dass im neuen Einkaufszentrum ein toller Laden frei würde und sie dort auch eine Wohnung bekommen könnten. Dann wäre es vorbei mit dem gemütlichen Nudelladen hier in der Altstadt. Ich verstehe nur nicht, was das alles zu bedeuten hat. Was haben die Männer vorher auf der Straße gesagt: Immobilien und Bausubstanz und Investoren. Hast Du eine Ahnung, was das soll?"
„Nein, natürlich nicht", gibt Christiane zu. „Aber wir müssen jetzt zurück ins Klassenzimmer."

Mittags haben die Mädchen nur eine kurze Pause, dann beginnt schon wieder der Unterricht. Die Zeit reicht an diesem Tag nicht um die Marinellis zu besuchen. Greta und Christiane gehen mit ein paar Klassenkameradinnen zu einer Metzgerei in der Nähe der Schule, um sich einen Leberkäswecken zu holen. Sie müssen eine ganze Weile anstehen, um die Mittagszeit ist hier viel los.

Als der Kunde vor Greta fertig ist und die Bedienung sie gerade fragt, was sie möchte, dreht sich der Mann vor Greta um und geht zur Tür hinaus.

„Das ist er", stammelt Christiane. "Das ist der falsche Herr Klaus."

Greta reagiert kurz entschlossen: „Ich werde ihm folgen. Wenn ich es nicht rechtzeitig schaffe, sagt Herrn Maier, dass mir schlecht geworden ist. Tschüss!"

Und schon ist sie aus dem Laden heraus, und lässt eine verdutzte Verkäuferin zurück.

Auf der Straße fegt Greta ein kalter Wind entgegen. Wohin ist der Mann, der sich Herr Klaus nennt, es aber vielleicht gar nicht ist, gegangen? Sicher runter in die Stadt, denkt Greta und tatsächlich, da sieht sie ihn auch schon. Er läuft die Mayenner Straße hinunter in Richtung Alter Postplatz.

„Wie verfolgt man eigentlich jemanden?" schießt es Greta durch den Kopf. Sie hat zwar schon oft von Verfolgungsjagden gelesen, es aber noch nie selbst ausprobiert. In sicherem Abstand geht sie hinter dem Mann her. Der beißt alle paar Schritte von einem belegten Brötchen ab und fängt jetzt auch noch an, sich die Schaufenster einer

Versicherung anzuschauen.

„Geh doch einfach weiter!" Greta sagte das fast laut, als sie den Mann überholt. Jetzt würde sie an der Fußgängerampel einfach stehen bleiben, auch wenn grün würde, und dann würde er sie schon wieder einholen.

„Es ist grün!" sagt eine Stimme neben ihr und da ist er wieder, dieser Herr Klaus, er sieht sie an und lacht und geht weiter über die Straße.

Gretas Gesicht wird rot wie ein Weihnachtsstern. Hat dieser Herr Klaus oder wie immer er auch heißt sie erkannt? Will er sich über sie lustig machen? Vor Schreck hätte sie beinahe vergessen, ihm weiter zu folgen. Während sie eilig die Straße überquert, wird die Ampel schon wieder rot, und sie sieht den geheimnisvollen Mann in einer Bäckerei verschwinden.

Ohne groß darüber nachzudenken, was sie tut, folgt Greta ihm. In der Bäckerei ist es voll, vor ihr stehen außer dem Mann, der sich Herr Klaus nennt, noch andere Kunden. Es geht langsam voran. Greta denkt darüber nach, wie sie sich verhalten soll. Wenn der Mann vor ihr bedient wird und dann den Laden verlässt, muss sie so schnell wie möglich hinterher. Sie kann dann nicht erst noch Brötchen kaufen. Außerdem will sie ja gar keine Brötchen kaufen. Sie hat ja auch gar kein Geld mehr!

„Das Fräulein hier ist vor mir dran!" Der angebliche Herr Klaus tritt plötzlich zur Seite und Greta schaut in die fragenden Augen der Verkäuferin. Sie wird rot.

„Ein Laugenweckle", sagte Greta mechanisch. Ich habe doch gar kein Geld mehr, denkt sie angstvoll.

Auf der Theke liegt bereits das eingepackte Brötchen, Greta fängt an, ihren Schulranzen zu durchsuchen. Vielleicht findet sie ja irgendwo noch ein Geldstück, 50 Cent würden ja schon reichen.
„Anscheinend hat das junge Fräulein kein Geld dabei?" Der angebliche Herr Klaus mischt sich schon wieder ein.
„Ich übernehme das", wendet er sich an die Verkäuferin. „Geben sie mir bitte zwei Butterbrezeln und dann bezahle ich eben noch das Laugenbrötchen."
Greta kann sich nicht erinnern, jemals eine so peinliche Situation erlebt zu haben. Jetzt hat ihr dieser Mensch auch noch ein Brötchen spendiert! Sie ist so verwirrt, dass sie fast die Verfolgung vergisst. Längst ist der angebliche Herr Klaus aus dem Laden heraus. Auf den ersten Blick kann sie ihn nirgends entdecken. Sie steht am Rand der Bahnhofstraße und schaut diese hinauf. Da sieht sie den geheimnisvollen Mann mit großen Schritten auf ein Bürohaus zugehen und darin verschwinden. Hat sie jetzt entdeckt, wo er arbeitet? Greta geht vorsichtig auf den Eingang des mehrstöckigen Gebäudes zu. Hoffentlich kommt dieser Mann jetzt nicht gleich wieder

heraus, dann hätte sie sich endgültig verraten. Greta liest die Namen auf den silber- und bronzefarbenen Firmenschildern: ZEITARBEIT PERFEKTA stand da, und REINIGUNGSDIENST FÜR WINTER UND SOMMER und es gab Rechtsanwälte. Auf dem kleinsten Schild steht IMMOBILIEN-FRITZE, AN- UND VERKAUF. Hatten die Männer vor Marinellis Laden nicht auch etwas von Immobilien gesagt? Was hat das nur zu bedeuten?

Natürlich kommt Greta zu spät zur Schule zurück. Obwohl sie rennt und die Abkürzung durch die Blumenstraße und am Seniorenzentrum vorbei nimmt, ist der Schulhof leer als sie ankommt. Ihre Schritte hallen laut im Treppenhaus. Hoffentlich begegnet mir keiner, denkt sie.
Als sie ins Klassenzimmer kommt, ist sie vom schnellen Laufen ganz außer Atem. Schuldbewusst schleicht sie auf ihren Platz neben Christiane.
„Da können wir ja froh sein, dass unsere Gretel auch noch kommt", sagt Herr Maier spöttisch.
„Entschuldigung", Greta versucht die Situation zu retten. „Es war wirklich wichtig."
„Das will ich hoffen, meine Liebe, denn sonst hätte sich ja deine Verspätung gar nicht gelohnt."

Glaubt denn dieser Maier, dass er lustig ist?

„Was ist eigentlich eine Immobilie?" Greta versucht, mit dieser Frage ihren Lehrer abzulenken, leider gelingt ihr das nicht.

„Eine Immobilie, mein liebes Fräulein, ist ein Ding, das sich nicht bewegt. Also zum Beispiel du, wenn gleich die Schule aus ist. Du bleibst für eine Stunde hier und holst den Stoff nach, den wir heute in deiner Abwesenheit durchgenommen haben."

So ein Mist! Jetzt kann sie nicht mehr zu den Marinellis gehen, um die neuesten Neuigkeiten zu erzählen. Später wird der Laden geschlossen sein.

„Ciao, bella!" Herr Marinelli kommt in den Laden. „Wie bist du ohne mich klar gekommen? Sind denn Greta und Christiane nicht da?"

„Hat alles gut geklappt!" Frau Marinelli ist gut gelaunt. „Wo die Mädchen sind, weiß ich auch nicht. Vielleicht müssen sie nachsitzen, die haben doch immer nur Unfug im Kopf. Aber schau einmal, was ich hier habe."

„Sind das die Unterlagen von diesem Herrn Klaus, von denen du mir am Telefon erzählt hast? Warte einen Moment, ich will erst einen Cappuccino trinken, ich bin noch ganz durcheinander von der Fahrt." Herr Marinelli ist über Nacht mit ihrem kleinen Transporter nach Italien gefahren, um dort Mehl einzukaufen. Dieses spezielle Mehl ist eines der Geheimnisse der Marinellischen Nudeln. „So, jetzt zeig mal her." Neugierig blättert Herr Marinelli in dem Prospekt. Er ist großformatig, mit farbigen Bildern und glänzt. Es gibt viele Grundrisse von Läden, Büros und Wohnungen. In der Mitte kann Herr Marinelli ein zusammengefaltetes Poster aufklappen. Auf dem Bild ist das fertige Einkaufszentrum abgebildet. Auf der Seite, wo die Balkone der Wohnungen zu sehen sind, gibt es Bäume und einen Park.

„Wo soll denn dieser Park sein?" wundert sich Herr Marinelli, „Da ist doch schon das Nachbargebäude, die Bank. Und dazwischen verläuft noch die Straße. Dieser Plan stimmt doch nicht."

„Dann blättere doch weiter", entgegnet Frau Marinelli. „Hier ist ein genauer Lageplan, wie ein Stadtplan, dort ist alles richtig eingezeichnet."

Skeptisch blättert Herr Marinelli weiter. Auf einer Beilage zu dem Prospekt stehen die Kaufpreise für die Läden und Wohnungen.

„Ich glaube, das ist zu teuer für uns. Hier steht, wir müssten dreißig Jahre lang abbezahlen. Das

finde ich zu viel."
„Aber hier ist eine Berechnung der möglichen Gewinne im neuen Einkaufszentrum. Das wäre doch fantastisch. Ich finde, wir sollten uns das wenigstens einmal ansehen." Frau Marinelli ist so begeistert, dass sie auch ihren Mann damit ansteckt.

Greta läuft nach der Schule und der unfreiwilligen Verlängerung wie gehetzt durch die Stadt. Hoffentlich trifft sie die Marinellis noch. Gerade als sie über die Fußgängerampel am Alten Postplatz laufen will, fällt ihr Blick auf das Bürohaus, in dem der angebliche Herr Klaus sein Büro hat. Erschöpft und enttäuscht bleibt sie stehen. Sie sieht gerade noch, wie die Marinellis gemeinsam und scheinbar gut gelaunt das Geschäftshaus betreten.

Viertes Kapitel
Ein schlechter Traum und eine geheimnisvolle Frau

In der Nacht schläft Greta schlecht. Sie träumt von einem unglaublich hohen Hochhaus, dessen Ende man vom Boden aus nicht sehen kann. Es ist ein wirklicher Wolkenkratzer, und am Eingang steht ein Schild MARINELLI, PASTA UND SOSSEN, 256. STOCK. Im Traum geht Greta in das Hochhaus, steigt in den Aufzug, doch der Aufzug ist defekt. Dann läuft sie die Treppen hoch, ein Stockwerk nach dem anderen. Sie kommt nur langsam voran, denn ständig kommen ihr Leute entgegen, die Teller mit Nudeln in der Hand halten. Viele davon sehen aus wie der angebliche Herr Klaus, manche sind als Nikolaus verkleidet und lachen ihr zu. Das ganze Treppenhaus duftet nach Nudelsoße und je höher Greta steigt, desto mehr Leute kommen ihr entgegen.

Es ist ein entsetzlicher Traum und als sie vom Piepsen ihres Weckers geweckt wird, hat Greta den Soßenduft noch in der Nase. Sie ist froh, dass sie alles nur geträumt hat, aber ausgeschlafen fühlt sie sich nicht.

Im Englischunterricht fallen Greta beinahe die Augen zu. Herr Maier hört Vokabeln ab. Zum Glück scheint er die Auseinandersetzung vom Vortag vergessen zu haben, denn er kommt nicht mehr darauf zurück. Statt dessen hatte er anscheinend eine andere Idee.

„Susie, please read the text on page 42 about Jenny, Sarah and their pets!"

Susie beginnt zu lesen: „Jenny and Sarah are sisters. They have got pets. Sarah has got a budgie and Jenny has got a cat. They are…"

Herr Maier unterbricht sie. „Danke, das reicht. Greta, würdest du bitte weiter lesen?!"

Greta atmet langsam und gleichmäßig. Ihr Kopf ist auf ihren Arm gesunken. Greta schläft.

„Oh, wir müssen leise sein", flüstert Herr Maier. „Sie ist eingeschlafen! Hoffentlich hat sie keinen Alptraum von einem Lehrer, der sie abfragen oder vielleicht sogar aufwecken möchte?"

Herr Maier schüttelt Greta am Arm, so dass sie erschrocken aufsieht.

„Guten Morgen Greta, schön geschlafen?" fragt Herr Maier spöttisch.

„Good morning, can I help you?" Greta weiß nicht genau, was sie sagen soll.

„Sag jetzt nichts, Greta", spricht der Lehrer

weiter. „Ich werde bei Gelegenheit mit Deinen Eltern über Deine neuen Schlafgewohnheiten sprechen müssen."

Greta ist es egal. Sie hat das Gefühl, dass es im Moment etwas Wichtigeres in ihrem Leben gibt als Noten. Die Marinellis sollen betrogen werden, das zumindest befürchtet Greta, und sie denkt fieberhaft darüber nach, was sie dagegen unternehmen kann.

Kaum hat die Schulglocke geläutet, ist sie mit Christiane auf dem Weg in die Innenstadt. Gemeinsam werden sie die Marinellis überzeugen können, so hoffen sie jedenfalls.

Greta will unter keinen Umständen noch einmal mit Herrn Klaus zusammentreffen, deshalb gehen sie diesmal hinter der Schule an der Turnhalle vorbei in die Theodor-Kaiser-Straße. Von dort können sie in die Fronackerstraße gelangen und schnell die Innenstadt erreichen.

Doch als sie die Kurze Straße in der Altstadt hinunter laufen, sehen sie schon aus einiger Entfernung das Schild an Marinellis Laden. Sie ahnen nichts Gutes, sie beginnen zu laufen und bleiben außer Atem vor dem geschlossenen Laden stehen. „Wegen wichtiger geschäftlicher Angelegenheiten geschlossen", lesen sie.

„So ein Mist! Warum haben die denn jetzt zu?" Greta ist verzweifelt.

„Wieso geschäftliche Angelegenheiten?"

Christiane versteht die Welt nicht mehr. „Die einzigen geschäftlichen Angelegenheiten der Marinellis sind ihre Nudeln. Was haben die denn jetzt vor?"

„Wir müssen rauskriegen, was das alles bedeutet." Greta denkt nach. „Immobilien, Bausubstanz. Komm, lass uns in die Bücherei gehen, da gibt es Bücher über so was, und die haben auch Internet, vielleicht finden wir da was."

Die Waiblinger Stadtbücherei ist ein eigentümliches Ding. Noch vor einigen Jahren befand sich die Bücherei lediglich im Keller eines großen Gebäudes, in dem es außerdem noch ein Restaurant, eine Drogerie, einen Haushaltswarenladen und viele Büros gab. Doch im Laufe der Zeit hat sich die Bücherei wie ein gefräßiger Wurm von unten nach oben durchgefressen und ist inzwischen schon im zweiten Obergeschoss angekommen. Christiane hat erst vor kurzem davon gehört, dass der Eingang der Bücherei demnächst nicht mehr im Keller sein soll. Statt dessen wird es eine große Schaufensterfront geben, wie bei einem Kaufhaus.
Tatsächlich kann man in der Stadtbücherei preiswert im Internet surfen. Das nutzen die Mädchen vor allem dann, wenn sie unbeobachtet sein wollen. Natürlich gibt es auch in der Bücherei Erwachsene, die aufpassen, aber das sind eben nicht ihre eigenen Eltern.

„Lass mich an die Tastatur." Greta hat es eilig.
„Nein, ich bin dran, schließlich habe ich die 50 Cent bezahlt." Christiane hat einfach die besseren Argumente und setzt sich an den Computer. Greta bleibt hinter ihrem Rücken stehen. „Dann gib

schon ein: Immobilien." Sie ist aufgeregt. „Das schreibt man doch mit zwei „M", oder?"
Als der Bildschirm die gefundenen Seiten anzeigt, sind die Mädchen erstaunt.

„Das sind ja lauter Häuser." Christiane kann es kaum glauben. „Und die sind alle zu verkaufen."
„Sind wir blöd!" Greta schlägt sich mit der Hand an die Stirn. „Jetzt weiß ich, was das soll. Die wollen den Marinellis ihr Haus abluchsen und dann teuer an wen auch immer verkaufen. Warum ist mir das denn nicht gleich eingefallen." Bei Greta ist jetzt der Groschen gefallen.
„Sag mal, wovon redest du eigentlich?" fragt Christiane.

„Die Männer vor Marinellis Laden! Erinnerst du dich nicht? Die haben von Marinellis Haus so gesprochen, als ob sie es an irgendwen verkaufen wollten. Das können sie aber nur, wenn Marinellis nicht mehr darin wohnen." Greta ist jetzt sehr aufgeregt.

„Lass uns noch gucken, ob Immobilien-Fritze auch im Internet zu finden ist." Christiane hat bereits den Firmennamen eingegeben und auf die Enter-Taste gedrückt. „Da, siehst du, zwei Einträge."

Beim ersten Eintrag handelt es sich um die Homepage der Immobilienfirma Fritze. Gespannt lesen die Mädchen von „Interessanten Objekten für Kapitalanleger" in verschiedenen Städten. Über kleine Fotos können sie sich die unterschiedlichen Bauprojekte der Firma genauer ansehen. Und ganz unten rechts als „neu in unserem Angebot", ist tatsächlich das Haus der Marinellis abgebildet zusammen mit einer Beschreibung dieser „schönen Anlage in der wunderbaren Altstadt, der Beginn der Sanierung steht unmittelbar bevor."

„Was ist denn in euch gefahren?" die Mitarbeiterin der Stadtbücherei sieht die beiden Mädchen aufspringen und überstürzt zum Ausgang laufen. „Eure Zeit ist doch noch gar nicht vorbei, und ihr lasst einfach alle Seiten offen." Kopfschüttelnd macht sie sich daran, die von den Kindern geöffneten Seiten wieder zu schließen.

„Hoffentlich sind die Marinellis wieder da! Das müssen die unbedingt sehen. Vielleicht glauben sie uns dann." Gretas Stimme überschlägt sich, sie rennen über den Marktplatz und die Kurze Straße hinunter.
Die Marinellis sind allerdings noch nicht wieder in ihrem Laden. Das gleiche Schild hängt noch immer an der Tür. Erschöpft setzen sich die Mädchen auf den Absatz vor dem Schaufenster.
„Habt ihr etwas mit den Marinellis zu tun?" Eine freundliche, junge Frau steht plötzlich neben ihnen und zeigt auf den Nudelladen.
„Wieso?" Greta ist misstrauisch.
„Nun, ihr seid so wild hier hergelaufen, da dachte ich, vielleicht kennt ihr Frau oder Herrn Marinelli?"
„Was wollen sie denn von denen?" Greta hat die Schnauze voll von geheimnisvollen Leuten, die etwas mit den Marinellis besprechen wollen.
„Das kann ich euch nicht so direkt sagen. Aber ihr könnt mir helfen. Mein Mann hat uns vor Kurzem bei den Marinellis angemeldet. Ich lasse euch

eine Visitenkarte da. Bitte gebt sie ihnen, wenn ihr die Marinellis seht. Es ist wirklich dringend. Hier ist die Karte, ich muss jetzt weiter. Tschüss und vielen Dank."

Greta hat die Visitenkarte in der Hand, Christiane schaut ihr über die Schulter: NICCI KLAUS, FOOD UND GOURMET-JOURNALISTIN, FACHZEITSCHRIFT PASTA & SOSSE steht da.

„Hallo, halt!" Fast gleichzeitig rufen die Kinder hinter Frau Klaus her. Die ist jedoch schon über den Marktplatz verschwunden.

Fünftes Kapitel
Frau Marinelli verschwindet

Das neue Einkaufszentrum mitten in Stuttgart hat erst vor einem Jahr eröffnet. Alles ist spiegelblank, schimmert silbrig und riecht neu: die Türen, die Rolltreppen und die ausgestellten Waren. Teure Möbel gibt es hier, wertvolle Bilder werden angeboten und in edlen Boutiquen kann man Kleider oder Schuhe besichtigen wie in einem Museum.
Alle Läden sind weihnachtlich geschmückt, es gibt Lichterketten, künstliche und echte Tannenzweige und sehr viele Rentiere. In jedem der vier Stockwerke gibt es einen echten Nikolaus, der an die wenigen Kinder kleine Geschenke verteilt. Kinder haben hier nicht wirklich etwas verloren, einen Spielwarenladen gibt es nicht. Statt dessen verteilen die Nikoläuse langstielige Rosen an die Kundinnen.
„Frau Siebkötter bitte auf die 17." Eine sanfte Stimme unterbricht die leichte Hintergrundmusik, die eigentlich gar nicht richtig zu hören ist. Frau und Herr Marinelli gehen Hand in Hand auf der zweiten Ebene spazieren. Die Stockwerke

hießen hier „Ebenen".

„Ich möchte mir so etwas mal anschauen", hatte Frau Marinelli gesagt, und ihr Mann hatte nichts dagegen. Er hatte nicht nur nichts dagegen, sondern gleich noch eine Übernachtung in einem gemütlichen Hotel gebucht. Diesen freien Nachmittag haben sie sich endlich verdient und morgen werden sie rechtzeitig zur Mittagszeit mit neuen Nudeln wieder im Laden in Waiblingen sein.

„So besonders viel ist hier aber nicht los", bemerkt Herr Marinelli. Gerade sind sie an einer Pizzeria vorbeigekommen, in der sich ein einzelner Kellner offensichtlich ziemlich langweilt.

„Am Wochenende ist hier mehr los", belehrt ihn seine Frau. „Erinnere dich doch daran, was Herr Klaus gesagt hat. Man kann so ein Einkaufszentrum nicht mit der Altstadt vergleichen. Am Wochenende kommen in zwei Stunden mehr Kunden als bei uns in der ganzen Woche. Das sagt jedenfalls Herr Klaus."

„Herr Klaus, Herr Klaus, immer dieser Herr Klaus. Alles was der sagt, ist dir wichtig. Aber du weißt gar nicht, ob dieses Einkaufszentrum auch von ihm gebaut wurde." Herr Marinelli bleibt skeptisch.

„Das ist doch egal, ob er dieses hier gebaut hat, es ist jedenfalls ein Einkaufszentrum und er könnte es gebaut haben. Das reicht mir. So kann ich mir vorstellen, wie es bei uns demnächst sein wird."

„Schau mal, dort geht es zum Center-Management, komm mit." Herr Marinelli hat eine Idee.

„Ach, was ist das denn jetzt wieder, lass uns lieber einen Kaffee trinken gehen." Frau Marinelli wird langsam müde.

„Na, das ist das Büro hier, wo alles gesteuert wird. Da gehen wir jetzt hin und fragen, wer das Einkaufszentrum gebaut hat." Herr Marinelli bleibt stur.

„Du kannst da ja hingehen, ich bleibe hier und bestell mir etwas. Hol mich doch hier einfach wieder ab." Frau Marinelli hat sich bereits an einen der vielen freien Tische gesetzt und es ist klar, dass sie auch vorläufig nicht wieder aufstehen wird.

„Eigentlich darf ich Ihnen darüber keine Auskunft geben." Hinter seinem Schreibtisch, in diesem Ungetüm von Bürosessel sieht der Manager fast klein und lächerlich aus. Für Herrn Marinelli gibt es in dem ganzen Büro keinen Stuhl, er muss während des Gesprächs stehen.

Er hat dem Manager kurz erklärt, warum er und seine Frau das Einkaufszentrum besichtigen.
„Aber ich will heute mal nicht so sein", lässt sich der Manager vernehmen „Sagen Sie mir doch bitte, wie Ihr Projektentwickler heißt, dann kann ich Ihnen sagen, ob er bei uns beteiligt war."
Herr Marinelli zögert. Soll er dem netten Herrn Klaus nicht doch vertrauen? Wenn er sich jetzt hier heimlich erkundigt, wird Herr Klaus dann nicht zu Recht beleidigt sein und sein Angebot zurücknehmen? Aber Herr Marinelli ist ein vorsichtiger Mann. Er ist ja extra hierher gekommen, um jemanden nach seiner Meinung zu fragen, der mit dem Waiblinger Kaufhaus nichts zu tun hat. Das kann doch schließlich nicht verboten sein. Er nimmt allen Mut zusammen.
„Unser Mann heißt Herr Klaus von der Firma Immobilien-Fritze."
Der Manager schaut Herrn Marinelli mit großen Augen an. „Immobilien-Fritze? Die haben hier Hausverbot. Mit ihrer windigen Finanzierung haben die uns fast in den Ruin getrieben. Betrüger sind das! Einen Herrn Klaus gibt es da nicht. Hecht, Unfried Hecht heißt der Kerl. Von dem würde ich mich fern halten. Alles Betrüger."
„Was hat das zu bedeuten?" Herr Marinelli stutzt.

„Dieser Unfried Hecht versucht schon lange, endlich einmal selbst ein großes Einkaufszentrum zu bauen. Das hat er aber bisher nicht geschafft." Der Manager ist jetzt sehr freundlich zu Herrn Marinelli und erklärt ihm genau, was es mit der Firma Immobilien-Fritze auf sich hat.
„Hecht bekommt jedoch nie einen richtigen Auftrag, weil alle ahnen, dass er ein Betrüger ist. Es kann ihm nur bisher niemand nachweisen. Wahrscheinlich ist er auch in Waiblingen nicht der wirkliche Bauherr. Er versucht jedoch, Wohnungen und Läden zu verkaufen, um sich einzuschmeicheln. Und manchmal gelingt ihm das auch, denn die Bauherren sind schließlich froh, wenn sie die Wohnungen und Läden verkaufen. Das ist eben ihr Geschäft."

„Bei Ihnen war es ein Cappuccino und ein Wasser." Der junge Kellner, der sich eben noch gelangweilt hat, bemüht sich jetzt sehr, einen frischen Eindruck zu machen. „Ja, danke. Kann ich gleich bezahlen?" Gerade will Frau Marinelli ihren Geldbeutel herausholen als sie von einer ihr bekannten Stimme unterbrochen wird.
„Das geht natürlich auf meine Rechnung!"
„Ja Herr Klaus, wie kommen Sie denn ....."

Frau Marinelli blickt erstaunt von ihrer Handtasche hoch und will etwas sagen, wird jedoch unterbrochen.
„Nicht, Frau Marinelli, ich übernehme das."
In dem Moment mischt sich der Kellner ein. „Aber Herr Hecht, haben sie denn hier nicht Hausverbot?" Mit leiser Stimme redet er auf den angeblichen Herrn Klaus ein.
„Nun aber still, hier, nehmen Sie das, stimmt so!" Ein zusammengefalteter 20-Euro-Schein wandert in die Hand des Kellners.
„Vielen Dank, Herr Klaus!" Mit einem spöttischen Grinsen dreht sich der Kellner um und verschwindet.
Ferrari hat bisher unterm Tisch gelegen und geschlafen, jetzt kommt allerdings ein leises Knurren von dort unten.
„Ah, den kleinen Ferrari haben Sie auch dabei", beginnt der angebliche Herr Klaus, und in diesem Moment fängt Ferrari wirklich an zu bellen.
„Sei still, mein Süßer", beruhigt Frau Marinelli ihn. „Vor Herrn Klaus brauchst du dich doch nicht zu fürchten."
„Gewiss nicht", lässt sich jetzt wieder der vermeintliche Herr Klaus vernehmen. "Frau Marinelli, wir sollten unser zufälliges Zusammen-

treffen hier nutzen. Ich habe alle notwendigen Papiere bei mir und kann Ihnen die neuesten Pläne zeigen."

„Aber wir müssen noch auf meinen Mann warten." Frau Marinelli zögert.

„Wir machen das so, Frau Marinelli", schlägt der angebliche Herr Klaus vor. "Wir beide gehen schon vor, die Unterlagen habe ich unten im Wagen. Mein Kollege ist auch hier, der wartet auf Ihren Mann und bringt ihn dann zu uns herunter. Dann können Sie sich die aktuellen Pläne gemeinsam ansehen und anschließend nach Hause fahren." Kurzerhand hakt der Mann, der behauptet, Herr Klaus zu sein, Frau Marinelli unter und bugsiert sie auf diese Weise zur Rolltreppe. Ferraris Leine spannt sich, und der zottelige Hund wird hinterher gezogen.

Herr Marinelli ist blass geworden.

„Das muss ich sofort meiner Frau erzählen! Sie sitzt unten im Café und wartet auf mich. Oh, das war knapp, beinahe wären wir auf diesen Betrüger hereingefallen." Laut vor sich hin schimpfend verlässt Herr Marinelli das Büro des Managers und fährt mit der Rolltreppe nach unten.

„Ciao!" ruft er, als er von Weitem das Café sieht, „Ciao, bella! Hör mal her, was ich erfahren habe." Dann jedoch bemerkt er, dass seine Frau gar nicht mehr im Café sitzt und erschrickt.
„Hallo!" ruft er dem verschlafenen Kellner zu. „Haben Sie meine Frau gesehen? Mit einem schwarzen Hund?"
„Na ja, eben war dieser Hecht hier und ist mit einer Dame abgezogen, die zog einen Hund hinter sich her. Der wollte anscheinend nicht mit. Hat wohl erschnuppert, was für ein Gauner dieser Hecht ist. Sind runter zum Parkplatz, er will ihr beim Wagen irgendwelche Papiere zeigen."
Ohne ein weiteres Wort stürzt Herr Marinelli die Rolltreppe herunter und den langen Gang im Erdgeschoss entlang. Außer Atem stemmt er die große Eingangstüre auf.
Auf dem Parkplatz ist weit und breit kein Wagen zu sehen und es gibt keine Spur von seiner Frau oder Ferrari.

Sechstes Kapitel
Im Laden von Herrn Altmann

„Guten Tag, haben Sie PASTA & SOSSE?"
In dem kleinen Zeitschriftenladen müssen Greta und Christiane lange anstehen, denn es gibt hier auch eine Lotto-Annahmestelle.
„Wollt ihr mich veräppeln? Wenn ihr Nudeln haben wollt, sagt eurer Mutter, sie soll euch welche kochen." Der Verkäufer hat die beiden vollkommen falsch verstanden.
„Das ist eine Zeitschrift!" Greta lässt nicht locker, „Sie verkaufen doch Zeitschriften."
Immerhin denkt der Verkäufer jetzt nach.
„Wir haben die jedenfalls nicht", meint er. „Bei so etwas Ausgefallenem müsst ihr bei Herrn Altmann fragen, der hat manchmal so exotische Sachen. So, und jetzt lasst mal die Kundschaft ran, damit alle ihre Scheine abgeben können." Mit diesen Worten ist bereits die Frau hinter ihnen dran, die beiden Mädchen laufen auf die Straße.

„Komm, dann fragen wir eben in der Buchhandlung." Greta hatte gehofft, dass der Kiosk die Zeitschrift gehabt hätte, denn Herr Altmann ist

zwar ein netter Buchhändler, der aber auch sehr viel redet und Kindern immer von früher, von der guten alten Zeit erzählen will. Jetzt bleibt ihnen wohl nichts anderes übrig als dort hin zu gehen.
Der Buchladen von Herrn Altmann liegt direkt am Marktplatz neben dem großen Spielzeuggeschäft. Früher war der Buchladen groß und der Spielzeugladen klein, im Laufe der Zeit jedoch kauften die Leute anscheinend immer mehr Spielzeug und immer weniger Bücher. Und so wurde der Laden von Herrn Altmann immer kleiner und der Spielzeugladen immer größer. Inzwischen verkauft Herr Altmann nicht mehr sehr viele Bücher, und deshalb ist sein Laden sehr voll davon. Überall stehen sie in hohen Stapeln herum. Gretas Vater hat einmal gesagt dass man gar nicht wisse, ob dies eine Buchhandlung oder ein Antiquitätenladen sei. Die Bücher liegen auf alten Regalen, Tischen, Stühlen und Sesseln. Manche Bücher sind sogar einfach auf dem Fußboden aufgestapelt. Es ist eine schöne Buchhandlung, den Kindern gefällt sie eigentlich, wenn man nur seine Ruhe hätte und die Geschichten von Herrn Altmann nicht immer die gleichen wären.
„Ah, wen haben wir denn da." Herr Altmann sitzt

in seinem alten, roten Sessel hinter dem niedrigen Verkaufstisch und sucht seine Brille. „Hallo Herr Altmann!" Greta und Christiane versuchen, direkt zu ihrem Anliegen zu kommen und so den Buchhändler gar nicht erst zu Wort kommen zu lassen.

„Wir suchen eine Zeitschrift, die PASTA & SOSSE heißt. Haben sie die?" Die Mädchen sehen Herrn Altmann erwartungsvoll an.
„So, so, PASTA & SOSSE! Unglaublich, was die Jugend heute alles verlangt. Ich bin Buchhändler, kein Zeitschriftenverkäufer. Zu meiner Zeit hat

man Zeitschriften am Bahnhof gekauft oder am Kiosk." Falls die Kinder dachten, sie kämen heute ohne umständlichen Vortrag aus, dann haben sie sich getäuscht.

„Noch während meiner Zeit als Lehrling war es Kindern überhaupt verboten, Zeitschriften zu lesen, das gab es überhaupt nicht. Und natürlich gab es auch keine Zeitschriften übers Kochen. Kochen lernte man damals von seiner Mutter. Und es wurden Kartoffeln gegessen, und wenn man die Rezepte nicht im Kopf oder im Schulkochbuch stehen hatte, dann gab es kleine Pappkärtchen, die wurden mit einem Gummiband zusammen gehalten und..." Herr Altmann ist bereits wieder in seine Jugend versunken und steht in Gedanken in der Küche seiner Großmutter.

„Herr Altmann, es ist dringend, wir suchen die Zeitschrift PASTA & SOSSE!" Greta zupft den alten Mann am Ärmel, sie wird ungeduldig.

„Ja, dass es dringend sei, das hat dieser junge Mann neulich auch gesagt. Wollte auch diese Zeitschrift PASTA & SOSSE haben. Ich habe ihm auch gesagt, dass ich mit Büchern und nicht mit Zeitschriften handle. Er ließ sich allerdings nicht davon abbringen, ich musste sie ihm schließlich bestellen. Und dann hat er sie nicht abgeholt."

Mit diesen Worten dreht sich Herr Altmann um und sucht etwas im Regal hinter seinem Sessel.
„Ihr habt Glück, hier ist das gute Stück. Könnt ja mal drin blättern, seid aber vorsichtig, sonst nimmt dieser Hobbykoch sie mir nicht mehr ab."
Endlich, denkt Greta. Vorsichtig legen sie sich die Zeitschrift auf die Knie und quetschen sich zusammen auf einen Stuhl, von dem sie vorher einen Stapel Prospekte herunter genommen haben.
Es ist das Dezemberheft einer sehr teuren Kochzeitschrift, die Fotos sind groß und farbig, die abgebildeten Rezepte dampfen und haben exotische Zutaten. Den Mädchen läuft das Wasser im Mund zusammen.
„Hier, ich habe gefunden, was wir suchen. Deutschlands beste Pasta-Läden. Die wollen in der nächsten Ausgabe eine Liste der besten Nudelläden machen und wahrscheinlich soll der Laden von Marinellis auch dabei sein. Deshalb wollen diese Frau Klaus oder ihr Mann so dringend einen Termin." Greta ist jetzt ganz aufgeregt.
„Wir müssen die Marinellis finden", stimmt Christiane ihr zu.

Siebentes Kapitel
Herr Marinelli bekommt einen Brief

Traurig schlurft Herr Marinelli am nächsten Morgen durch seinen Laden und schließt lustlos die Tür auf. Er ist müde, weil er nicht geschlafen hat. Er ist traurig und erschrocken, weil er nicht weiß, wo seine Frau mit Ferrari steckt und weil er ahnt, dass am Ende der ganzen Sache sein Nudelladen nicht mehr so sein wird wie bisher. Dabei weiß er gar nicht, was für eine Sache das ist, die hier mit ihm passiert.

Während er die Ladentür öffnet, wird ihm klar, dass es jemanden gibt, der es nicht gut mit ihm und seiner Frau meint.

Kalte Luft strömt herein, und er weiß, dass jemand ihn um seinen Laden in der schönen Altstadt, in der Nähe der Stadtmauer, betrügen will.

Als er die dreckigen Töpfe und Platten abspült, hat er verstanden, dass er statt dessen einen viel zu teuren Laden in dem neuen Einkaufszentrum kaufen soll, das demnächst in der Stadt gebaut werden wird. Er soll sein Geld windigen Häuserverkäufern geben, die in einer anderen

Stadt schon schlecht aufgefallen sind und nun ihn aufs Glatteis führen wollen.
Was kann er nur tun, um das zu verhindern? Und wo ist seine Frau? Und wo ist Ferrari?

„Hallo, Herr Marinelli!" Wie ein Wirbelwind stürmen Greta und Christiane herein.
„Wir müssen Ihnen so viel erzählen!" platzen sie heraus. „Wo ist denn Ihre Frau?"
„Ich glaube, ich muss euch auch eine Menge erzählen", stimmt Herr Marinelli zu, und er erzählt von dem verlockenden Angebot des netten Herrn Klaus, von der gemeinsamen Fahrt nach Stuttgart, um das dortige Einkaufszentrum zu besichtigen und dann erzählt er natürlich auch von all dem, was er bei dem Manager erfahren hat. „Und als ich zurück kam, war meine Frau weg und auch von Ferrari keine Spur. Ich bin ratlos," schließt er seinen Bericht ab.
„Ich habe eine Idee." Greta ist ganz eifrig. „Als Erstes fangen wir an, Soße zu kochen. Sie, Herr Marinelli machen Nudeln und ich koche mit Christiane zusammen eine Soße. Wo auch immer Ihre Frau gerade ist, sie ist bestimmt froh, wenn hier der Laden weiter läuft."
Und während alle beschäftigt sind, erzählen Greta

und Christiane abwechselnd von ihren Erlebnissen der letzten Tage.

„Das war eine gute Idee von dir", lobt Herr Marinelli später. "Beim Kneten von Nudelteig kann ich meine ganze Wut in die Tischplatte arbeiten. Mir geht es schon viel besser. Aber davon kommt meine Angela nicht wieder zurück. Und was sollen wir wegen dieser Zeitschrift tun?" Herr Marinelli hat inzwischen eine große Menge Teig fertig geknetet und geht jetzt damit in den Flur zur Nudelmaschine. Mit einem leisen Surren springt der Motor an und Herr Marinelli formt handtellergroße Teigkugeln. Davon lässt er immer eine nach der anderen durch einen Trichter in die Maschine fallen. Unten kommen dann die geformten Nudeln heraus.

„Wir rufen die Klaus' an!" ruft Greta. Sie muss laut sprechen, denn in ihrem Topf brutzelt heißes Öl, in dem Zwiebeln und Knoblauch schwimmen. Christiane hat inzwischen viele Tomaten klein geschnitten. Es zischt kräftig, als sie die aromatischen Gemüsestücke in den Topf gleiten lässt.

„Wir haben doch die Karte von dieser Frau Klaus", erinnert sich Christiane. „Vielleicht ist es noch nicht zu spät und sie nehmen Ihren Laden noch in die Liste der besten Pasta-Läden auf."

„Das ist jetzt eigentlich gar nicht wichtig", meint Herr Marinelli. „Wichtig ist, dass meine Frau gesund wieder kommt. Wo kann sie nur stecken?"

„Ich rufe trotzdem dort an", sagt Greta trotzig. „Irgend etwas müssen wir ja machen."

Während sie in den Flur zum Telefon geht, kommt der Postbote herein und bringt einige Briefe, die Herr Marinelli in Empfang nimmt und öffnet.

Greta wählt inzwischen die Nummer, die auf dem kleinen Kärtchen steht. Es tutet im Hörer.

„Hallo, hier ist Nicci Klaus", meldet sich eine freundliche Stimme.

„Nein, nicht anrufen", ruft in diesem Moment Herr Marinelli. Er starrt auf einen geöffneten Brief in seiner Hand. „Sie haben einen Brief geschrieben. Diese Betrüger schreiben, ich muss den Vertrag unterschreiben, sonst kommt meine Frau nie mehr nach Hause und dem armen Ferrari wollen sie ein Ohr abschneiden, wenn ich bis morgen Mittag nicht zugestimmt habe."

Greta erstarrt.

„Hallo, wer ist denn da, melden Sie sich doch", hört Greta die freundliche Stimme noch sagen, bevor sie den Hörer langsam auflegt.

Achtes Kapitel
Besuch von Frau Klaus

„Hallo, hallo?" Nicci Klaus blickt den Telefonhörer fragend an.

„Ist der Akku leer?" fragt ihr Mann, der sich mit ihr ein Büro teilt. Die beiden haben ein Haus am Oberen Rosberg, in dem sie unten wohnen und oben arbeiten. Vom Arbeitszimmer aus haben sie einen herrlichen Blick über die ganze Stadt: der Wasen, die Rems, dann das Beinsteiner Tor und die Innenstadt, und wenn es nicht gerade besonders nebelig ist, kann man hinter Rommelshausen, Stetten und Strümpfelbach den Schurwald sehen. Bei ganz gutem Wetter behauptet Nicci Klaus manchmal, dass da ganz hinten die Schwäbische Alb sei. Sie sind Journalisten und schreiben Artikel für viele unterschiedliche Zeitschriften. Eine dieser Zeitschriften heißt PASTA & SOSSE und hat sich auf italienisches Essen spezialisiert.

„Nein, einfach aufgelegt. Oder vielmehr: nicht einfach aufgelegt. Das war seltsam. Zuerst hat ein Mädchen mit mir gesprochen. Ich glaube, es war die, die neulich vor dem Laden stand. Und dann war da eine Männerstimme, die hat laut etwas gerufen und dann hat das Mädchen aufgelegt. Seltsam, was?"

„Fahr doch hin und guck dir das Ganze mal an." Niccis Mann denkt sehr praktisch. „Außerdem soll der Artikel bald fertig werden. Ich fände es schade, wenn er ohne die Marinellis erscheinen müsste."

„Also gut, ich fahre hin. Ich möchte den Laden schon gerne dabei haben. Die Soßen sollen wirklich einmalig sein."

Herr Marinelli hat sich ein bisschen hingelegt. Er ist müde und erschöpft und kann nicht richtig protestieren, als Greta und Christiane ihm anbieten, im Laden zu helfen.

Jetzt stehen sie am Herd hinter der Theke und kochen Frau Marinellis Spezial-Tomatensoße.

„Ich habe so oft zugeguckt, wie sie es macht hat", sagt Greta. "Da werde ich es wohl auch mal hinbekommen."

Sie haben Herrn Marinelli fest versprochen, ihn zum Probieren zu holen und den Laden nicht ohne ihn zu öffnen.

Doch dann steht plötzlich diese Frau vor der Tür,

die sie neulich auf der Straße getroffen haben, die richtige Frau Klaus.

„Heute muss ich die Soße probieren", erklärt sie den Kindern. „Der Bericht über die besten Nudelläden ist fast fertig, heute Nachmittag muss ich ihn abliefern."

„Ja also, hier haben wir einen ganzen Topf voll Spezial-Tomatensoße, die Nudeln hat Herr Marinelli auch schon fertig gemacht." Greta weiß nicht, wie ihr geschieht.

„Und wo sind denn nun diese Marinellis?" Frau Klaus spricht mit vollem Mund „Ich habe so viel von ihnen gehört und jetzt stehen hier zwei Kinder im Laden."

Da kann Greta sich nicht mehr zurückhalten, aufgeregt und außer Atem erzählt sie der freundlichen Frau Klaus die ganze Geschichte von vorne bis hinten, angefangen vom falschen Herrn Klaus bis hin zum echten Unfried Hecht.

„Ja aber..." Frau Klaus stutzt. „Wenn Frau Marinelli verschwunden ist, wer hat denn dann diese herrliche Soße gekocht?"

„Na, die haben wir gekocht!" lachen Greta und Christiane stolz.

Frau Klaus ist sprachlos.

„So eine Soße, und dann haben Kinder sie

gekocht. So etwas habe ich ja noch nie erlebt."
„Aber das Rezept ist von Frau Marinelli, sie hat es erfunden, ich habe es nur nachgekocht." Greta befürchtet, dass Frau Klaus sie vielleicht nicht ernst nimmt oder sogar ärgerlich wird.
„Keine Angst", beruhigt Frau Klaus sie. „Ich werde Marinellis Nudelladen auf jeden Fall in unserer Zeitschrift erwähnen. Aber eine genaue Bewertung kann ich jetzt noch nicht abgeben, da müsst ihr warten bis das Heft erscheint."
„Welches Heft, wovon sprechen sie?" Herr Marinelli erscheint müde in der Tür zum Flur. Nachdem ihm die Kinder alles erklärt haben, ist er überhaupt nicht erfreut.
„Das ist mir alles nicht Recht", sagt er. „Ich weiß doch gar nicht, wie es mit unserem Laden weiter geht. Meine Frau ist entführt worden, ich werde gezwungen, einen Vertrag zu unterschreiben, der mich in den Ruin treibt, was nützt es da, wenn wir zu den besten Nudelläden Deutschlands gehören?" Herr Marinelli ist wirklich sehr traurig und schlecht gelaunt.
In diesem Moment hört man vor der Ladentür Geräusche. Zuerst denken sie, eine ganze Gruppe von Kunden würde auf einmal hereinkommen, dann aber hören sie fröhliches Hundegebell.

„Ferrari!" Herr Marinelli stürzt aufgeregt nach draußen.
„Das ist Marinellis Hund", erklärt Greta der verdutzten Frau Klaus. „Er war auch verschwunden. Vielleicht hat er sich selbst befreit?"
Inzwischen ist Herr Marinelli mit dem zerzausten Ferrari hereingekommen.
„Seht mal, was er im Maul hat", sagt Herr Marinelli und hält ein gelbes Stück Plastik in der Hand. Es sind einzelne schwarze Buchstaben darauf zu erkennen, aber das Stück ist zu klein, man kann nichts lesen.

„Ich weiß, was das ist!" ruft Christiane aufgeregt. „Das ist ein Teil von einem Baustellenschild."

„Der Hund war auf einer Baustelle", stellt Frau Klaus fest. „Vielleicht wird Ihre Frau in einem Bauwagen festgehalten und der Hund konnte sich befreien. Herr Marinelli, Sie müssen die Polizei benachrichtigen."

„Aber dann gefährde ich doch meine Frau! Das ist doch jedes Mal so, dass man die Polizei nicht benachrichtigen soll. Kein Entführer möchte das. Und meine Frau ist noch in den Händen dieser Verbrecher. Bitte gehen auch Sie nicht zur Polizei."

„Also gut." Frau Klaus weiß zwar, dass es richtig wäre, die Polizei zu benachrichtigen, sie hat aber Verständnis für die Angst von Herrn Marinelli. „Ich habe eine Freundin, die hier in der Lokalredaktion der Tageszeitung arbeitet, vielleicht kann die mir weiterhelfen. Aber wenn sich bis Morgen nichts getan hat, müssen wir die Polizei anrufen." Mit diesen Worten verschwindet sie aus dem Nudelladen, in dem in der Zwischenzeit schon einige Leute stehen, die Nudeln mit Soße kaufen wollen.

Neuntes Kapitel
Bei Paul und Paul

In der Lokalredaktion der Tageszeitung herrscht ein lautes Stimmengewirr. In wenigen Minuten soll die Schlusskonferenz für die morgige Ausgabe stattfinden, ein denkbar ungünstiger Moment für einen Besuch.
Nicci Klaus ist durch den langen Flur gegangen, der neben der großen Druckmaschine entlang führt und in dem es stark nach Druckfarbe riecht. Jetzt steht sie in einem Großraumbüro, in dem viele Menschen arbeiten. Es gibt keine richtigen Mauern, sondern Wände aus Glas, jeder Schreibtisch steht also in einer Art Käfig. Da die meisten Leute, die hier arbeiten, jedoch Zettel mit irgendwelchen wichtigen Mitteilungen an die Glaswände geklebt haben, besteht keine Gefahr, dass jemand einmal aus Versehen gegen eine der durchsichtigen Abtrennungen läuft. Es gibt überall Computer, Bildschirme und Telefone. Alle Menschen, die hier arbeiten, stellen gemeinsam jeden Tag eine Ausgabe der Tageszeitung her.

„Nicci, was machst Du denn hier?" Friederike

Neues, die Lokalredakteurin ist auf dem Sprung und hat nicht viel Zeit. „Mach's kurz oder wichtig."

„Ich glaube, es ist wichtig, und ob es kurz geht, weiß ich noch nicht." Nicci Klaus hat Spaß daran, die Sache spannend zu machen.

„Nun spuck schon aus, sonst muss ich unser Gespräch vertagen." Friederike Neues nimmt einen Block Papier und einen Kugelschreiber und will aufstehen.

„Was sagt Dir der Name Unfried Hecht?" fragt Nicci Klaus.

Friederike Neues stutzt.

„Unfried Hecht? Was hat der mit Pasta oder Soße zu tun? Das ist ein Immobilien-Hai. Da denke ich eher an leerstehende Büros oder Fast-Food-Restaurants." Die Lokalredakteurin ist wirklich erstaunt.

„Kannst Du was über den rauskriegen? Ich glaube, dass er in der Stadt eine große Schweinerei am Laufen hat, und wenn Du mir diskret hilfst, kannst Du hinterher die Story exklusiv veröffentlichen."

Friederike Neues hat es plötzlich doch nicht mehr so eilig. Sie hört aufmerksam zu und fragt sogar nach. „Brauchst Du was Bestimmtes? Da muss ich

mal in der Abteilung für Wirtschaft und Geldmarkt nachfragen, die haben öfter mal was mit Immobilien zu tun. Jetzt muss ich aber los, wir können uns heute Abend um acht treffen."
„Dann erzähle ich Dir den Rest und wir überlegen, wie wir weitermachen", stimmt Nicci Klaus zu.
„Also um acht wie immer im Café, bis heute Abend." Mit diesen Worten verschwindet Friederike Neues im Konferenzzimmer der Tageszeitung.

Mit dem „Café" ist natürlich das kleine „Café an der Mauer" gemeint, das ganz in der Nähe von Marinellis Nudelladen liegt. Es schmiegt sich eng an die alte Stadtmauer an. Der Eingang scheint fast eine Kellertür zu sein, wenn man aber die steile Holztreppe hoch geht, kommt man in eine sehr gemütliche ehemalige Wohnung, in deren kleinen, aber zahlreichen Zimmern jetzt bequeme Sessel und Sofas an kleinen Tischen zum Hinsetzen einladen.
Tagsüber und am Wochenende gibt es eine Vielzahl selbstgebackener Kuchen, die von Paul und Paul, den beiden Inhabern des Cafés, ständig frisch gebacken werden. Paul und Paul führen das „Café an der Mauer" schon seit ewigen Zeiten,

keiner weiß genau wie lange schon, keiner weiß, wie alt die beiden sind und woher sie sich kennen. Sie wohnen oben über dem Café in einer kleinen Dachwohnung, in der jeder nur sein Schlafzimmer hatte, denn ansonsten „wohnen" die beiden zusammen mit ihren Stammgästen im Café.

Für die Besucher des Cafés, die abends noch etwas essen wollen, bestellen Paul und Paul nachmittags bei den Marinellis ein großes Tablett Nudeln und einen großen Topf Soße, den Frau Marinelli jeden Abend um Punkt sechs Uhr im Café vorbeibringt.

Nicci Klaus kommz schon um kurz nach sieben ins Café, denn sie ist ungeduldig und hungrig.

Sie hofft, dass Friederike Neues vielleicht auch schon früher kommt und, dass sie eine leckere Portion Nudeln bekommt.

„Tut mir Leid", sagt einer der Pauls bedauernd. „Nudeln gibt es zur Zeit nicht. Weiß auch nicht, was bei den Marinellis los ist. Habe schon seit ein paar Tagen keinen der beiden mehr gesehen. Dann muss es eben Salzkuchen geben, was anderes können wir nicht. Wir sind Kuchenbäcker und keine Nudelköche."

„Kein Problem", erwidert Nicci. „Der Salzkuchen ist bestimmt nicht schlecht. Bringen sie mir doch bitte gleich zwei Stücke, ich habe großen Hunger. Dass bei den Marinellis etwas nicht stimmt, ist mir auch schon aufgefallen. Ich hoffe, dass bald wieder alles beim Alten ist."

Nicci Klaus muss an diesem Abend viel Geduld haben. Zuerst stellt sie fest, dass selbst zwei Stücke Salzkuchen nicht ausreichen, um satt zu werden. Dann muss sie zwanzig Minuten warten, bis das neue Blech aus dem Ofen kommt. Und zu guter Letzt merkt sie, dass ihre Freundin nicht nur nicht zu früh, sondern leider zehn Minuten später als verabredet kommt. Sie ist jedoch gar nicht besonders unzufrieden mit alldem, denn der Salzkuchen ist sehr lecker und Friederike Neues hat einige Neuigkeiten.

„Das ist ein ganz windiger Typ, dieser Unfried Hecht. Noch bevor ich die Redakteure aus der Wirtschaft fragen konnte, hat sich schon ein Mitarbeiter aus der Anzeigenabteilung beschwert. Dieser Hecht hat anscheinend laufend Anzeigen für den Verkauf von Wohnungen und Läden im neuen Einkaufszentrum geschaltet, aber noch keine einzige davon bezahlt. Auf die erste Mahnung hat er ziemlich sauer reagiert, er hat gedroht, er würde sich beschweren und so weiter. Er meint, es sei im Interesse der Stadt, dass das Einkaufszentrum mit guten Läden geführt wird, und nur weil wir so kleinlich seien, könne er keine Werbung mehr machen. Er wolle sich irgendwo oben beschweren. Tatsächlich kam dann wohl ein Hinweis aus der Geschäftsleitung, dass die Rechnung an Herrn Unfried Hecht erst später zu stellen sei."

Friederike ist ganz außer Atem von ihrem ausführlichen Bericht. Jetzt kommt einer der Pauls vorbei und sie bestellte sich eine Limonade "mit Röhrle".

„So und jetzt kommt Teil zwei", fährt sie fort.

„Und der ist noch viel interessanter. Es gibt nämlich die Beschwerde eines einheimischen Bauunternehmers, der eigentlich das Einkaufszentrum bauen wollte. Also eigentlich nicht bauen, sondern er wollte die bestehenden alten Häuser renovieren und schicke kleine Läden und Wohnungen darin bauen. Dann wurde aber ein Gutachten erstellt, in dem bewiesen wurde, dass so etwas nicht so viel Gewinn bringt wie ein Neubau. Also wurde für einen Neubau gestimmt. Interessant ist aber, dass das Gutachten anscheinend falsch war. Es wurde außerdem von einer Firma erstellt, an der auch dieser Unfried Hecht beteiligt ist. Wenn das stimmt, dann ist das Betrug."

Zehntes Kapitel
Gefangen im Baucontainer

Zumindest was die Schule anbelangt, haben Greta und Christiane am nächsten Tag Glück. Direkt nach der großen Pause ist schon unterrichtsfrei, weil die Lehrer einen pädagogischen Tag haben und somit keinen Unterricht geben können.
Schnell laufen die Mädchen in die Stadt zu Marinellis Nudelladen.
„Herr Marinelli! Hallo! Gibt es irgendwelche Neuigkeiten?" Greta hofft, dass sich vielleicht alles als ein böser Traum herausstellt.
„Nein, Greta", sagt Herr Marinelli langsam und müde. "Es hat sich nichts verändert. Ich habe keine Nachricht von meiner Frau, Ferrari liegt traurig in der Ecke und frisst nichts mehr. Und zu allem Überfluss habe ich auch noch starke Rückenschmerzen bekommen, ich kann kaum die Nudeln für heute fertig machen."
„Herr Marinelli, dürfen wir den Laden heute öffnen? Wir haben schulfrei, und wir haben schon so oft geholfen, ich glaube, wir können es heute mal ganz allein schaffen." Greta ist Feuer und Flamme, und auch Christiane scheint von der Idee

begeistert.

„Normalerweise geht das nicht", wendet Herr Marinelli ein. „Aber von mir aus können wir es versuchen. Ich glaube, ich kann mich auf Euch verlassen. Und wenn es Schwierigkeiten gibt, kommt einer von Euch hoch in die Wohnung und sagt mir Bescheid. Ich lege mich aufs Sofa und versuche, zu schlafen." Mit diesen Worten dreht Herr Marinelli sich um und verschwindet im Flur.

Frau Marinelli geht es inzwischen mehr schlecht als recht. Es ist dunkel, sie kann nichts sehen, obwohl sie ihre Augen geöffnet hat. Da ist sie sich sicher. Sie liegt auf einem bequemen Sofa, aber es ist nicht besonders warm hier drin, nach einigem Nachdenken wird ihr klar, dass sie sich in einem Container befindet. Als nächstes hört sie laute Geräusche. Hämmern, Schlagen, Bohren, Lastwagen kommen und fahren weg. Frau Marinelli ist sich sicher, sie befindet sich auf einer Baustelle, auf einer großen Baustelle.

Am Anfang, das war gestern, war sie noch ärgerlich. Wütend war sie in ihrer kleinen Metallwohnung auf- und abgelaufen und hatte laut geschimpft. Sie hatte mit ihren Fäusten an die verschlossene Tür geklopft und gerufen, aber

nichts war geschehen.
Irgendwann war dann dieser seltsame Herr Klaus erschienen und hatte ihr erklärt, dass er sie zu ihrer eigenen Sicherheit hier festhalten müsse, denn wenn die Marinellis den Vertrag für den Kauf des neuen Ladens nicht unterschreiben würden, könne er für nichts garantieren. Und im Übrigen könne sie sofort nach Hause gehen, sobald ihr Mann den Vertrag unterschrieben habe. Während er ihr das alles sagte, zeigte er ein unangenehmes Lächeln. Spätestens seitdem weiß Frau Marinelli, dass dieser Herr Klaus nicht ihr Freund ist, wenn er überhaupt Klaus heißt. Nun bleibt ihr erst einmal nichts anderes übrig, als hier im Dunkeln zu liegen und abzuwarten.

Greta und Christiane gehen nachmittags langsam nach Hause. Sie sind müde. Müde vom frühen Aufstehen, von den vielen Überraschungen und Anstrengungen dieses Tages und natürlich müde vom Kochen der Soßen und der vielen Arbeit im Nudelladen.
Sie gehen die Lange Straße entlang, die von der Altstadt zum Alten Postplatz führt. Von hier ist es nicht mehr weit bis zum Friedhof, und dort in der Nähe wohnen die beiden Mädchen.

Bevor sie zu Hause sind, müssen sie noch an der Baustelle für das neue Einkaufszentrum vorbei, ein langer, hoher Zaun trennt die Fußgänger von einem riesigen Loch. Da es bereits dunkel ist, leuchten überall Flutlichter, die großen Bauwagen und Laster sehen wie gespenstische Monster aus. An manchen Stellen sind kleine Löcher im Bauzaun. An einem dieser Löcher bleiben die beiden Mädchen stehen und schauen hindurch. Weit hinten sehen sie einen länglichen, weißen Metallcontainer stehen, anscheinend ist das der Vesperraum für die Bauarbeiter.
"Komm endlich", sagt Greta gereizt. "Lass uns nach Hause gehen."

Elftes Kapitel
Greta hat eine Idee

Greta und Christiane haben sich inzwischen daran gewöhnt, im Nudelladen zu helfen. Sie kochen nun schon zum dritten Mal die Soße, und es klappt auch heute ganz gut. Zum Glück hat es Herr Marinelli noch geschafft, zwei große Tabletts mit schmalen Bandnudeln herzustellen. Kurz nachdem die Soße fertig ist, kommen schon die ersten Kunden in den Laden. Dass Greta und Christiane da sind, wundert die wenigsten der Stamm-kunden, dass sie jedoch ganz allein so gut zu Recht kommen, wundert viele. Alle wünschen Herrn Marinelli eine gute Besserung und hoffen gemeinsam mit den Mädchen, dass Frau Marinelli bald wieder aus dem Urlaub heim kommt. Das ist nämlich die Geschichte, die sie überall erzählen: Dass Frau Marinelli sich an einem Urlaubsort aufhält, an dem sie telefonisch nicht zu erreichen ist. Im Moment ist diese Geschichte noch gut genug, was jedoch geschehen wird, wenn Frau Marinelli in den nächsten Tagen nicht wieder auftaucht, weiß keiner. Jetzt ist der heutige Arbeitstag fast zu Ende, es sind kaum noch

Nudeln und gar keine Soße mehr übrig als die Ladentür noch einmal geöffnet wird. Es ist aber kein Kunde, sondern ein kleiner Junge, der seinen Roller vorsichtig hereinschiebt. In der Hand hat er einen Brief.
„Das soll ich hier abgeben", sagt er. „Krieg ich jetzt einen Bonbon?"
„Von wem ist denn der Brief?" Greta wird hellhörig.
„Weiß ich nicht, von dem Mann, der ihn mir gegeben hat. Krieg ich jetzt meinen Bonbon?" Der Junge will den Brief anscheinend nur hergeben, wenn er seinen Bonbon bekommt.

„Gib schon her", sagt Greta ungeduldig und reißt dem verdutzten Jungen den Brief aus der Hand und zu Christiane gewandt: „Gib ihm einen von diesen italienischen Keksen, die die Marinellis immer zum Kaffee dazulegen." Christiane holt einen der kleinen Mandelkekse und gibt ihn dem Jungen, der ihn gleich in den Mund steckt. Kaum hat er hinein gebissen, verzieht er sein Gesicht.
„Bäh, das schmeckt ja ekelig", beschwert er sich und nimmt zur Sicherheit seinen Roller.
„Was anderes haben wir nicht, hau ab", ruft Greta.
„Ihr seid doof", beschwert sich der kleine Junge und fährt mit seinem Roller davon.
Greta öffnet den Brief und liest. Christiane ist erstaunt.
„Der ist doch für die Marinellis", sagt sie.
„Egal", unterbricht Greta sie. „Herr Marinelli liegt im Bett und Frau Marinelli ist verschwunden. Aber irgend jemand muss sich doch um die Sache kümmern. Also, hör zu. ´Unterschreiben sie den Vertrag, sonst passiert etwas Schlimmes.´ Das ist ein Erpresserbrief."
„Langsam wird mir die Sache zu heiß", meint Christiane. „Greta, dies ist ein echter Erpresserbrief. Das heißt, dass Frau Marinelli entführt wurde! Stell dir vor, was die mit ihr anstellen

können."

„Lass uns doch wenigstens schauen, was hier noch in dem Umschlag ist", antwortet Greta neugierig. „Hier ist der Vertrag, den die Marinellis unterschreiben müssen."

Die beiden Mädchen beugen sich schweigend über ein mehrseitiges Dokument, das sehr amtlich aussieht. Es enthält eine umständliche Beschreibung des neuen Einkaufszentrums sowie des Ladens, den die Marinellis kaufen sollen. Dazu gehört auch eine kleine Wohnung, die ebenfalls genau beschrieben wird.

Erst auf der letzten Seite ist es interessant. Da stehen der Name der Immobilienfirma, der Name von Unfried Hecht und die Namen von Frau und Herrn Marinelli. Und dann steht dort noch eine hohe Zahl mit vielen Nullen. Greta und Christiane haben im Matheunterricht zwar schon im Zahlenraum über einer Millionen gerechnet, aber im Zusammenhang mit einer Geldsumme, die tatsächlich bezahlt werden soll, scheint sie doch erschreckend hoch.

„Ich habe eine Idee!" Greta spricht die Worte langsam und ruhig aus.

„Nein!" widerspricht Christiane. „Nicht schon wieder eine Idee. Wir müssen zur Polizei gehen.

Wir können auch Nicci Klaus Bescheid sagen, aber auf jeden Fall müssen wir Erwachsene informieren, wir sind doch bloß Kinder."

„Wir werden den Vertrag verändern." Greta redet weiter, als ob sie gar nicht hört, was Christiane sagt. „Wir brauchen einen guten Kopierer oder einen Scanner."

„Paul und Paul haben so was." Christianes Antwort kommt ganz spontan und man kann ihr anmerken, dass sie es im gleichen Moment bereut. „Die werden uns doch wohl bei so einer verrückten Idee nicht helfen. Bitte, Greta, lass uns zur Polizei gehen."

„Dieser Unfried Hecht wird Frau Marinelli gar nichts tun", stellt Greta fest. „Er will ihr und ihrem Mann doch etwas verkaufen. Also wird er ihr nichts antun, denn sonst kann sie es ihm ja nicht mehr abkaufen." Greta nickt, sie ist mit ihrer eigenen Überlegung sehr zufrieden.

„Greta!" Christiane ist der Verzweiflung nahe "Wir sind doch hier nicht in irgend so einem Kinderkrimi. Greta, die meinen es ernst."

„Ich meine es auch ernst. Komm mit." Mit diesen Worten nimmt Greta den Ladenschlüssel aus der Schublade, zieht Christiane am Arm aus der Tür heraus und schließt den Laden hinter ihnen ab.

Zwölftes Kapitel
Was Greta und Christiane bei Paul und Paul machen

„Paul!" ruft Greta schon, als sie noch die schmale Holztreppe zum Café hinauf laufen. „Paul, wir brauchen Eure Hilfe."

„Hallo, Mädels." Einer der Pauls steht gerade in der Küche und bereitet ein Tablett mit Kaffeetassen vor. Alle Tassen sind schon voll. Jetzt legt er gerade kleine Kekse aus einer großen Blechdose auf die Untertassen. „Das ist gerade ein verdammt schlechter Moment, wir haben eine Weihnachtsfeier im Hause." Mit diesen Worten hebt er das Tablett mit dampfenden Tassen in die Höhe und bugsiert es geschickt ins Nachbarzimmer.

„Es ist wirklich dringend!" Greta weiß, in welchem Tonfall sie sprechen und wie sie dazu schauen muss, um einen der Pauls herumzukriegen. „Wir brauchen ja auch eigentlich nur euern Computer. Also besser gesagt dieses Gerät, mit dem der Computer ein Papier lesen kann. Es reicht auch, wenn du mir zeigst, wie es funktioniert."

„Du meinst wohl den Scanner. Aber ich kann dir nicht eben mal zeigen, wie der funktioniert. Also gut, geht schon mal ins Büro, ich komme gleich und scanne Dein Blatt ein. Aber nur eins, und den Rest musst Du selbst machen. Und das Ganze natürlich nur, wenn es für die Schule ist."
„Natürlich ist es für die Schule, wofür denn sonst?" Greta nimmt Christiane am Arm und sie drängen sich in das kleine Büro von Paul und Paul, wo außer dem Computer und dessen Zubehör kaum etwas anderes Platz hat.

„So, jetzt habt ihr euer Dokument in der Kiste." Kleine Schweißperlen stehen auf Pauls Stirn. Viel Arbeit im Café und gleichzeitig am Computer zu arbeiten, das bedeutet Stress selbst für diesen sonst so ruhigen Mann.
„Mit dem Schreibprogramm kennt ihr euch ja wohl aus. Wenn ihr etwas ausdrucken wollt, da unten steht der Drucker." Er zeigt unter den Schreibtisch. „Jetzt muss ich aber wieder an die Arbeit. Viel Spaß, Mädels!"
Greta und Christiane sind allein.
„Was hast du denn eigentlich vor? Mensch Greta, du hast den Pauls ja gar nichts erzählt. Die denken jetzt, dass wir etwas für die Schule machen."

Christiane hat anscheinend gehofft, Greta würde den Pauls alles erzählen.

Das hat Greta allerdings nicht vor.

„Wir werden den Kaufpreis ein bisschen senken", meint sie leichthin. "Ich halte den neuen Laden tatsächlich für zu teuer."

Sie setzt sich an die Tastatur und markiert den Kaufpreis in dem eingescannten Vertrag. „Hier steht 800.000 Euro. Wir müssen nur aus dem Punkt ein Komma machen und es um eine Stelle nach hinten versetzen."

Konzentriert drückt Greta einige Tasten und schon steht dort „8000,00 Euro".

„Ich denke, das können die Marinellis sich leisten. Und so wie ich diesen Unfried Hecht einschätze, ist er so geldgierig, dass er gar nichts merkt. Er denkt doch, er hätte den Vertrag selbst aufgesetzt. Also wird er ihn nicht noch einmal durchlesen."

„Ich kann jederzeit bei der Polizei anrufen", beruhigt Christiane sich selbst. "Und, wenn ich Nicci Klaus das nächste Mal sehe, erzähle ich ihr alles."

„Tu, was du nicht lassen kannst." Greta ist damit beschäftigt, die neue Seite auszudrucken und mit dem ursprünglich letzten Blatt des Vertrags auszutauschen.

„Komm!" ruft sie, als sie alles wieder in den Briefumschlag gesteckt hat. „Wir müssen Herrn Marinelli schnell den Brief bringen. Schließlich ist das ein echter Erpresserbrief. Seine Frau ist in Gefahr."

Dreizehntes Kapitel
Auf der Baustelle

In Marinellis Nudelladen Laden ist alles ruhig. Es ist fast gespenstisch.
„Herr Marinelli, Herr Marinelli!" Laut rufend laufen die beiden Mädchen die Treppe zur Wohnung hoch. Der verschlafene Nudelkoch kommt ihnen entgegen.
„Nicht so laut, Bambini. Was gibt es denn so Wichtiges?"
„Hier, ein Brief." Greta gibt ihm den Umschlag. „Wahrscheinlich von den Entführern. Ein kleiner Junge hat ihn eben im Laden abgegeben, ohne Absender." Greta tut so, als ob sie sehr neugierig sei und späht Herrn Marinelli über die Schulter.
„Lasst mich allein damit. Ihr könnt unten im Laden noch eine Limonade trinken. Ich komme gleich herunter und erzähle euch, was drin steht."
Greta und Christiane haben tatsächlich Durst, sie gehen zum Kühlschrank im Laden und holen sich jede eine der grünen Flaschen. Vom Zischen der Deckel wird Ferrari wach, der hinter der Theke geschlafen hat. Winselnd streicht er durch den Raum und bleibt erwartungsvoll vor der

verschlossenen Ladentür stehen.
„Also gut." Christiane steht auf. „Wir werden wohl mit ihm raus müssen. Ist ja sonst keiner da."
Greta steht auf und nimmt die Hundeleine, die an einem Haken an der Tür hängt.
„Komm Ferrari, wir gehen." Mit diesen Worten verlassen sie zu dritt den Laden und gehen die Straße hinunter.
„Nun komm schon." Ungeduldig zieht Greta den zotteligen Hund hinter sich her.
„Komisch, eben wollte er noch raus, und jetzt hat er schon nach einem Baum keine Lust mehr", wundert sich Christiane.
„Lass uns noch an der Baustelle vom Einkaufszentrum vorbei gehen", schlägt Greta vor. „Ich möchte sehen, wo wir uns demnächst unsere Nudeln holen sollen. Falls dieser Hecht nicht am Verkauf des Ladens an die Marinellis pleite geht."
Sie gehen weiter die Straße hinunter, den lustlosen Ferrari im Schlepptau. Da es früh dämmrig wird, ist die Baustelle von großen Flutlichtern erleuchtet. Ein großer Bagger frisst sich immer weiter in die Tiefe, mehrere Laster fahren das Erdreich weg.
Weiter hinten auf dem Gelände sehen die Mädchen den weißen Container, der wohl als

Vesperraum für die Bauarbeiter dient.
Plötzlich überholt Ferrari die beiden Mädchen und bellt aufgeregt, er winselt und zieht an der Leine.
„Was ist denn jetzt los?" stöhnt Greta. „Musst du jetzt etwa unbedingt auf die Baustelle machen?"
Ferrari schnüffelt an dem Gitterzaun, der das Gelände absperrt. „Betreten verboten!" steht an jedem Gitter, aus dem der Bauzaun zusammengesetzt ist.

Greta, Christiane und Ferrari stehen jetzt direkt neben einem alten Gebäude, das demnächst auch abgerissen werden soll und schon leer steht. Hier gibt es eine schmale Öffnung und, bevor die Mädchen ihn daran hindern können, schlüpft Ferrari durch. Greta zieht zwar noch an der Leine, jedoch hätte sie das besser nicht gemacht, denn die scharfe Kante des Metallgitters zerschneidet die gespannte Hundeleine und der aufgeregt schnüffelnde Ferrari läuft auf die Baustelle.
„Wir müssen hinterher", sagt Greta nur und schlüpft ebenfalls durch den Zaun.
„Mensch, Greta, das ist doch verboten!" Christiane steht verlassen da, dann zwängt sie sich auch durch den Zaun, denn sie will ihre Freundin nicht

allein lassen.

Ferrari läuft an der oberen Kante der Baugrube entlang, mit der Schnauze immer am Boden.

„Er hat irgendetwas entdeckt", ruft Greta ihrer Freundin über die Schulter zu. „Ich glaube, er läuft da rüber, wo die Container stehen."

„Warte doch!" Christiane ist ganz außer Atem "Weißt du eigentlich, was wir hier machen?"

„Ja klar", antwortet Greta. „Wir fangen unseren Hund ein, der uns weggelaufen ist."

Tatsächlich läuft Ferrari jetzt nicht mehr an der Kante der Baugrube entlang, sondern schnüffelt in Richtung mehrerer Container, die am Rande der Baustelle stehen. Ein weißer Container steht wie verlassen da, ein anderer, grüner ist hell erleuchtet. Als sie näher kommen, wird eine Tür geöffnet, und ein wütender Mann stürzt heraus.

„Was macht ihr denn hier?" herrscht er die Mädchen an. „Wisst ihr denn nicht, dass das Betreten aller Baustellen für Kinder verboten ist? Eure Eltern werden für den Schaden haften müssen!"

„Sie sind Herr Unfried Hecht!" stellt Greta fest „Sie heißen gar nicht Herr Klaus."

Christiane erschrickt. Sie weiß, dass Greta mutig ist, aber jetzt hat ihre Freundin die Grenze zwischen Mut und Dummheit anscheinend überschritten.

„Was tut mein Name denn hier zur Sache?" Der Mann brüllt jetzt. "Ihr seid Kinder, und Kinder sind hier verboten. Also verschwindet."

„Lass uns gehen", sagt Christiane ängstlich und vernünftig zugleich. " Hier können wir jetzt doch nichts ausrichten."

„Aber wir kommen wieder", zischt Greta leise durch die Zähne. „Und dann sind wir in Begleitung von Erwachsenen, die für die Schäden, die wir anrichten, auch haften!" Sie ist sehr wütend, als sie den sich sträubenden Ferrari an die Leine nimmt und mit Christiane zusammen die Baustelle verlässt.

Vierzehntes Kapitel
Frau Marinellis Irrfahrt

Frau Marinelli wird wach. Sie liegt auf einer ungewohnten Unterlage und schlägt die Augen auf. Sie ist verwirrt und weiß zuerst nicht, wie lange sie geschlafen hat und wo sie überhaupt ist. Als nächstes fällt ihr auf, dass es dunkel ist. Frau Marinelli setzt sich. Dieser Herr Klaus fällt ihr wieder ein, er hatte ihr gedroht. Wie es wohl ihrem Mann geht?

Frau Marinelli merkt jetzt, dass sie von einem Geräusch wach geworden ist. Es hört sich an wie ein schwerer Lastwagen oder ein großer Kran und es wird immer lauter. Dann hört sie eine Stimme.

„Stopp!" ruft jemand laut. Es ist die Stimme von diesem Herrn Klaus. Eine andere Stimme antwortet.

„Wo soll ich das Ding denn abladen, Herr Hecht?"

Jetzt weiß Frau Marinelli also, dass dieser Mann Hecht oder so ähnlich heißt, jedenfalls nicht Klaus. Was hat das alles zu bedeuten?

„Fahr raus auf die Autobahn", antwortet Hecht. „Stell den Container auf einem Parkplatz ab, nicht auf einer Raststätte. Da ist zu viel Betrieb, sie

könnte bald telefonieren. Auf einem Parkplatz also und lass sie nicht zu früh raus. Den Vormittag brauche ich noch, dann habe ich den Vertrag und sie kann von mir aus hinlaufen, wohin sie will."
Nach diesen Worten unterhalten sich die Männer weiter, Frau Marinelli kann jedoch nicht mehr verstehen, was sie sagen.

Nach einiger Zeit spürt sie, wie sich der Metallcontainer, in dem sie jetzt schon so lange festgehalten wird, leicht bewegt. Im nächsten Moment ruckt es stark und sie hat das Gefühl, mitsamt dem Container auf einen Lastwagen geladen zu werden. Frau Marinelli hält sich an einer Stuhllehne, die sie zufällig ergriffen hat, fest während der Boden unter ihren Füßen zu rutschen scheint. Endlich hört die Bewegung auf, das tiefe Brummen eines Lastwagens ertönt und Frau Marinelli spürt, wie die Fahrt losgeht.
Sie denkt angestrengt nach. Dieser Hecht hat davon gesprochen, dass sie zu einer Autobahn gebracht werden soll. Wahrscheinlich zu einer Raststätte oder einem Parkplatz, auf dem sie dann allein zurückgelassen wird. Welche Autobahn kann gemeint sein? Wenn sie mit ihrem Mann nach Italien fährt, dann fahren sie schon

kurz hinter Waiblingen durch einen Tunnel und dann in Richtung Plochingen, bevor sie auf eine Autobahn kommen. Frau Marinelli weiß, dass diese Autobahn A8 heißt. Sie hofft, dass der Unbekannte mit ihr vielleicht in diese Richtung fährt, denn dort kennt sie sich aus.

Sie versucht sich auf die Kurven zu konzentrieren, sie versucht heraus zu bekommen, ob der Weg, den der Lkw nimmt, der Weg nach Italien ist.

Frau Marinelli spürt, wie der Wagen an einer Ampel stehen bleibt. Sie kann sich an keine Ampel erinnern, und als kurze Zeit später wieder ein Halt kommt, weiß sie, dass der Fahrer in eine andere Richtung fährt, wahrscheinlich nach Norden, in Richtung Ludwigsburg und Heilbronn. Frau Marinelli ist hier noch nie gewesen, egal wo der Fahrer sie absetzen wird, sie wird sich nicht auskennen.

Fünfzehntes Kapitel
Vertragsunterzeichnung

Greta und Christiane gehen nach ihrem Erlebnis auf der Baustelle sofort in die Stadt zurück, um zu sehen, ob Herr Marinelli den Vertrag inzwischen unterschrieben hat. Sie finden den Nudelkoch, der noch vor wenigen Tagen ein so lustiger Mann war, traurig an einem der kleinen Tische im Laden sitzend. Vor ihm steht eine Flasche Bier und der Vertrag liegt auf dem Tisch.
Die Lichterkette aus bunten Sternen im Schaufenster blinkt langsam vor sich hin.
„Haben Sie unterschrieben?" fragt Greta neugierig. Sie ahnt, dass sie sich nichts anmerken lassen darf, sie will jedoch herausfinden, ob Herr Marinelli die Fälschung bemerkt hat.
„Mir bleibt doch nichts anderes übrig." Der traurige Mann lässt den Kopf hängen. „Ich glaube, mit diesem Vertrag ist es aus mit Marinellis Nudelladen. Das ist alles so teuer, da verdient nur die Immobilienfirma, wir werden daran pleite gehen."
„Vielleicht geschieht ja noch ein Wunder." Christiane versucht ihn zu trösten, doch ein

scharfer Seitenblick von Greta erinnert sie daran, dass sie nichts von ihrem Geheimnis preisgeben dürfen, bevor nicht auch Unfried Hecht den Vertrag unterschrieben hat. In diesem Moment klingelt es an der hinteren Haustür. Herr Marinelli steht auf und geht durch den Flur ins Treppenhaus. Er öffnet die Tür.
„Hallo, Herr Marinelli." Es ist Unfried Hecht!
"Eigentlich schade, dass Ihre Frau bei diesem Treffen nicht dabei sein kann. Ich kann Ihnen versichern, dass es ihr gut geht. Ich glaube, wenn wir sie nicht an einen sicheren Ort gebracht hätten, hätten Sie die Argumente, die für den Kauf des neuen Ladens und der Wohnung sprechen, nicht so gut verstanden. Deswegen hat Ihre Frau, auch wenn sie nicht hier ist, doch einen wichtigen Teil zum Geschäft beigetragen." Während er spricht, hat sich der Entführer an Herrn Marinelli vorbei durch den Flur in den Laden gedrängt.
„Hatten Sie nicht gerade noch Besuch?" fragt Herr Hecht misstrauisch.
Herr Marinelli kommt langsam hinter ihm her, er sieht sich im Laden um.
„Nein", antwortet er geistesgegenwärtig. "Hier ist niemand."
Er hofft, dass Greta und Christiane sich in der

Mehlkammer versteckt haben. Er versteht zwar nicht genau, warum sie so geheimnisvoll tun, aber ihm ist das jetzt gleichgültig. Wenn nur seine Frau bald gesund wieder da ist.
„Wie ich sehe, haben Sie meinen kleinen Vertragsentwurf bereits unterschrieben." Herr Hecht geht nicht weiter auf den möglichen Besuch ein. Er sieht den Vertrag auf dem Tisch liegen und blättert darin herum.
„Sicher möchten Sie auch ein Exemplar haben, mein lieber Marinelli", fährt Unfried Hecht fort. Aus der Innentasche seines Mantels zieht er einen Füllfederhalter und unterschreibt mit großer Geste den Vertrag. „Ich habe mein Büro gebeten, Ihnen eine Kopie anzufertigen."
Der von Herrn Marinelli unterschriebene Vertrag wandert zusammen mit dem Füller in die Innentasche des Mantels zurück, das Exemplar, das Unfried Hecht unterschrieben hat, bleibt auf dem Tisch liegen.
„Ich werde sofort zum Notar gehen und alles Notwendige veranlassen." Mit diesen Worten wendet sich Hecht zum Flur und geht durch das Treppenhaus zur Haustür.

Sechzehntes Kapitel
Zu früh gefreut?

Greta und Christiane sind in der Mehlkammer schon ganz nervös geworden. Christiane ist der Mehlstaub immer weiter in die Nase geraten und sie kann sich schließlich nicht mehr zurückhalten. „Hatschi!" Eine kleine weiße Mehlwolke fliegt auf und direkt Greta ins Gesicht.
„Pass doch auf, wo du hin niest!" beschwert sie sich.
„Ist doch jetzt egal", lenkt Christiane ab. „Wichtig ist, dass dieser Herr Hecht den Vertrag unterschrieben hat."
„Wir haben den Spieß umgedreht", freut sich Greta. „Komm, gib mir die hohe Fünf!"
Als die beiden Mädchen ihre Hände über dem Kopf abklatschen, stiebt eine weitere Mehlwolke auf und sie müssen diesmal beide niesen.
Als sie sich gerade wieder beruhigt haben, klingelte es wieder an der hinteren Tür. Diesmal sind es Nicci Klaus und Friederike Neues.
„Die Ladentür ist zu, der Laden jedoch beleuchtet", sagt Nicci Klaus. „Da haben wir natürlich an der Hintertür geklingelt. Ist alles in Ordnung?"

„Nichts ist in Ordnung", klagt Herr Marinelli. „Ich habe einen Vertrag unterschrieben, der mich in den Ruin treibt."
„So ein Mist", unterbricht ihn Friederike Neues. „Dann sind wir wohl zu spät gekommen. Dieser Unfried Hecht hat keine saubere Weste. Das haben wir herausgefunden."
„Das ist mir auch egal." Herr Marinelli spricht leise. „Wenn nur meine Frau gesund wieder nach Hause kommt."
„Also ich glaube, jetzt müssen wir Ihnen erzählen, was wir gemacht haben", sagt Greta.
Herr Marinelli blickt erstaunt auf, und auch Frau Klaus und Frau Neues werden neugierig.
„Was habt ihr denn gemacht?" fragen die beiden Frauen gleichzeitig.
„Mit dem Vertrag ...", beginnt Christiane zögernd.
„Mit welchem Vertrag?" Herr Marinelli blickt ungläubig auf den Kaufvertrag, den er noch immer in der Hand hält.
„Wir haben die Zahlen verändert", beichtet Greta jetzt, und dann erzählt sie die ganze Geschichte: von dem kleinen Jungen, der den Brief gebracht hat, dem Computer von Paul und Paul und wie sie in der Mehlkammer gezittert haben, ob Herr Hecht die Fälschung wohl bemerken würde.

Es ist eine zeitlang still, die drei Erwachsenen scheinen nicht recht zu wissen, ob sie diese Geschichte glauben sollen und wenn ja, was das jetzt zu bedeuten hat.

„Moment mal." Nicci Klaus beginnt ganz langsam zu sprechen. „Ihr habt den Kaufvertrag gefälscht und Herr Hecht hat das nicht bemerkt? Er hat einen Vertrag unterschrieben, in dem er einen Laden und eine Wohnung für einen Spottpreis verkauft?"

Greta und Christiane werden rot. Was hat das zu bedeuten? Ist Frau Klaus wütend? Warum spricht sie so langsam? Die beiden Mädchen stellen sich auf eine Strafpredigt ein.

„Wir haben es doch nur gut gemeint", will Greta gerade sagen, als Nicci Klaus lauthals loslacht.

„Stell dir das mal vor", ruft sie lachend ihrer Freundin Friederike Neues zu. " Stell dir mal vor, was für ein Gesicht der macht, wenn er das merkt."

Friederike Neues wird von Niccis Lachanfall angesteckt. „Aber trotzdem möchte ich mir das Gesicht von diesem Ekel am liebsten gar nicht vorstellen."

Herr Marinelli lacht nicht.

„Wenn er das merkt, ist es um meine Frau

geschehen", sagt er nur und setzt sich auf einen Stuhl.

In diesem Moment geht Greta ein Licht auf.

„Mensch, wir haben doch Unfried Hecht vorhin getroffen!"

Alle Blicke richten sich auf die Mädchen.

„Ja, das war auf der Baustelle", berichtet Christiane. "Wir haben Ferrari noch mal ausgeführt, und bei der Baustelle ist er uns abgehauen. Er lief schnüffelnd und winselnd zu den Containern der Bauarbeiter. Aber bevor wir ihn wieder an die Leine nehmen konnten, kam dieser Hecht um die Ecke."

Greta fällt ihr ins Wort. „Wir kannten ihn ja gar nicht richtig, ich habe aber seine Stimme erkannt. Und als ich ihm gesagt habe, dass er ja Unfried Hecht sei, hat er laut gebrüllt und uns von der Baustelle gejagt." Nicci Klaus steht auf.

„Also ich denke, wir sollten uns das mal ansehen. Was meint ihr?"

„Vielleicht hat Ferrari eine Spur verfolgt?" Friederike Neues steht auf und geht schon zur Tür. „Wir kommen auch mit!" stellt Greta fest.

Herr Marinelli will lieber im Laden bleiben. Er hofft, dass sich seine Frau meldet oder er irgendeine andere Nachricht bekommt. Jedenfalls wäre er dann lieber in der Nähe seines Telefons.

Draußen ist es jetzt dunkel und kalt. Ohne viel zu sprechen, gehen Nicci, Friederike, Greta und Christiane die Lange Straße hinunter. Ferrari ist jetzt gar nicht mehr lustlos, er spürt anscheinend, dass dies eine spannende Unternehmung wird. Er läuft der Gruppe in einigem Abstand voraus und beschnuppert dabei die Straße. Nach einem kurzen Fußmarsch kommen sie an der Baustelle an.

„Hier, an dieser Stelle ist Ferrari durch den Zaun geschlüpft." Greta deutet auf die undichte Stelle im Bauzaun. „Und dann haben wir ihn erst wieder vor dem weißen Container dahinten eingefangen." Sie zeigt über die Baustelle in Richtung der Container.

„Welchen weißen Container meinst du?" fragen Nicci Klaus und Friederike Neues.

Greta und Christiane fragen sich das Gleiche. Es ist kein weißer Container mehr zu sehen.

Siebzehntes Kapitel
Überraschung für Unfried Hecht

In Herrn Füllers Notariat geht es gediegen zu. Gediegen heißt in diesem Fall: ruhig, langsam und elegant. Auf einem niedrigen Tischchen liegt ein großer Adventskranz mit roten Schleifen. Obwohl doch erst der dritte Advent vorüber ist, brennen alle vier Kerzen. Hinter einer dunklen Theke sitzt Frau Müller, die Sekretärin. Sie hat einen Kopfhörer auf und schreibt. Auf beiden Seiten der Theke sind Türen, die offen stehen und in lange Flure führen. Aus einer der Türen hört man das Brummen eines Staubsaugers.
Unfried Hecht kommt eilig herein und, bevor Frau Müller irgendetwas sagen kann, verlangt er sofort den Notar Füller zu sprechen. Die Flammen auf dem Adventskranz lodern im Windzug und verlöschen fast.
"Es ist dringend, Fräulein", lässt er sich vernehmen. „Bitte melden Sie mich an."
Frau Müller schreibt weiter. Ihr Brief ist wichtig, der muss heute noch raus, hat Herr Füller gesagt.
„Hallo, Fräulein, es ist wichtig!" Unfried Hecht ist kurz davor, unverschämt zu werden.

Frau Müller blickt auf, nimmt langsam den Kopfhörer herunter und fragt: „Ja bitte? Sie wünschen?"

„Füller. Ich möchte Herrn Füller sprechen, um…"

„Notar Füller ist in einer wichtigen Besprechung. Haben Sie einen Termin?" Frau Müller ahnt, dass dieser ungehobelte Kerl keinen Termin hat und will sich gerade den Kopfhörer wieder aufsetzen, als durch eine der Türen einige fein gekleidete Herrschaften kommen und murmelnd das Notariat verlassen.

„Die Besprechung ist ja wohl anscheinend vorbei", stellt Unfried Hecht fest.

„Können Sie auch freundlicher fragen?" Frau Müller ist jetzt richtig entrüstet.

„Bitte, liebe Frau", sagt Unfried Hecht wie ein kleiner Junge. „Ich habe hier ein wichtiges Dokument, das dringend ins Grundbuch eingetragen werden muss. Wir wollen bald anfangen zu bauen. Würden Sie freundlicherweise Ihren Chef fragen, ob er mich noch empfängt?"

„Dann geben Sie mal her." Mit diesen Worten nimmt Frau Müller den Vertrag, den Unfried Hecht ihr hinhält und verschwindet durch eine der Türen.

„Dann geben Sie mal her", sagt ebenfalls Notar Füller, als Frau Müller ihm von dem eiligen Herrn erzählt, der sie so unverschämt behandelt hat.
„Hm, warten Sie einen Augenblick. Das ist Unfried Hecht, der Immobilienspekulant. Wen hat er sich denn diesmal vorgeknöpft?" Herr Füller blättert den Vertrag durch.
„Marinelli? Bitte, Frau Müller, helfen Sie mir auf die Sprünge. Irgendwoher kenne ich diesen Namen."
„Das ist der kleine Nudelladen in der Altstadt neben der Stadtmauer. Die haben mittags ein tolles Angebot. Was ist mit Marinellis?"
„Da stimmt was nicht! Warum sollte Marinelli denn seinen Nudelladen verkaufen? Meine Frau hat dort auch schon oft eingekauft, jetzt fällt es mir wieder ein. Der Laden geht doch gut! Und hier, Frau Müller, passen Sie mal auf: Unfried Hecht verkauft Marinelli einen Laden im neuen Einkaufszentrum für 8.000 Euro. Das kann ich mir nicht vorstellen. Also, wir machen das so: Halten Sie Hecht noch ein paar Minuten auf, ich muss zuerst ein wichtiges Telefonat führen. Dann schicken Sie ihn herein. Ich werde ihm auf den Zahn fühlen."
Als Frau Müller wieder in den Flur gegangen ist,

nimmt er den Hörer des Telefons ab und wählt eine Nummer. Das Gespräch dauert ungefähr fünf Minuten, und als Herr Füller fertig ist, sieht er sehr zufrieden aus.

„Herr Füller bittet Sie, noch einen Moment Platz zu nehmen." Mit diesen Worten kehrt Frau Müller an ihren Schreibtisch zurück und schreibt weiter an ihren Brief. Unfried Hecht nimmt jedoch nicht Platz. Er ist viel zu aufgeregt. Wie ein Tiger im Käfig läuft er auf und ab, so dass selbst Frau Müller ganz nervös wird.
Das Telefon klingelt und Herr Füller sagt: „Er kann jetzt kommen."
„Na endlich. Sie können jetzt rein." Im gleichen Moment ist Unfried Hecht im Gang verschwunden.
„Mein lieber Hecht, wie laufen die Geschäfte?" Herr Füller ist offenbar ein guter Schauspieler, so freundlich begrüßt er den unsympathischen Immobilienhändler.
„Wenn Sie schnell arbeiten, wird es noch besser, mein lieber Füller", antwortet Unfried Hecht ironisch und setzt sich in einen der Plüschsessel gegenüber von Herrn Füllers riesigem Schreibtisch.

„Sicher haben Sie nichts dagegen", beginnt Herr Füller, „wenn wir uns das Vorgeplänkel sparen. Ich lese Ihnen die wichtigen Stellen des Vertrages, den Sie und dieser Herr Marinelli unterschrieben haben, vor und dann bereiten wir den Antrag auf Eintragung ins Grundbuch vor. Nur noch eine klitzekleine Unterschrift von Ihnen und alles ist vorbei."

„Na, dann los!" Herr Hecht hat es noch immer eilig. „Worauf warten Sie noch?"

Herr Füller beginnt. Er liest all die langweiligen, aber wichtigen Paragraphen vor, die ein Kaufvertrag für ein Haus oder eine Wohnung enthalten muss.

„Gut, gut, weiter", sind die einzigen Worte, die Unfried Hecht ab und zu leise dazu sagt.

„Paragraph achtundzwanzig. Der Kaufpreis", liest Herr Füller weiter. „Im Zuge des vorher benannten Immobiliengeschäftes verpflichtet sich der Käufer, Herr Marinelli, dem Verkäufer, Unfried Hecht, ein Ladengeschäft mit einer Verkaufsfläche von vierhundertachtundsechzig Quadratmetern sowie eine Zweizimmerwohnung über dem Laden mit einer Wohnfläche von achtundfünfzig Quadratmetern zum Preis von 8.000 Euro abzukaufen. Der Betrag ist in Raten von…" Weiter kommt Herr Füller nicht.

„Achthunderttausend, mein guter Füller", unterbricht ihn Unfried Hecht. „Sie wollten sagen Achthunderttausend!"

„Mein guter Hecht", antwortet der Notar, und man merkt, dass auch er ironisch sein kann. „Das Verlesen von Zahlen gehört zu meinem täglichen Handwerk. Und den Zahlenraum bis zehntausend habe ich seinerzeit in der Sexta bei Oberstudienrat Malkötter eingetrichtert bekommen. Sie können sich darauf verlassen, dass hier Achttausend steht."

„Wo? Zeigen Sie her!" Unfried Hecht springt auf.

„Bitte sehr, hier steht es. Schwarz auf weiß." Herr Füller bleibt hinter seinem Schreibtisch sitzen.

„Das, also das stimmt doch nicht!" Unfried Hecht versteht die Welt nicht mehr. „Das ist doch Betrug!"

„Na, Herr Hecht, dass gerade *Sie* von Betrug reden, ist ja doch sehr interessant. Auf diesen Gedanken bin ich allerdings auch schon gekommen, als ich mir Ihren Vertrag eben angeschaut habe. Ich habe deshalb…" Notar Füller ist ruhig geblieben, doch Unfried Hecht springt jetzt auf den Notar zu und reißt ihm den Vertrag aus der Hand.

„Geben Sie her!" brüllt er und stürzt zur Tür, die allerdings gerade in diesem Moment aufgeht. Zwei Polizeibeamte stehen da und Unfried Hecht läuft ihnen geradezu in die Arme.
„ ...die Polizei verständigt", vollendet Herr Füller seinen Satz.

Achtzehntes Kapitel
Frau Marinelli bekommt Spagetti und trifft Osterhasen

Frau Marinelli schläft fast ein, so eintönig ist es in dem ungemütlichen Container. Doch nach kurzer Zeit merkt sie, dass der Lastwagen langsamer wird und dann eine Kurve fährt. Wieder beginnt ein seltsames Ruckeln und Rutschen, offensichtlich wird der Container abgeladen. Schließlich sieht Frau Marinelli, wie die Tür einen Spalt weit geöffnet wird.
„Hallo, geht es Ihnen gut?" Das ist die männliche Stimme, die sie zuletzt auf der Baustelle gehört hat. Eine Taschenlampe blendet sie.
„Interessiert Sie das wirklich?" Frau Marinelli wird wütend. „Es geht mir nicht gut! Ich will sofort nach Hause und ich habe Hunger."
„Moment", brummt der Mann und verschwindet. Als er kurze Zeit darauf wieder an der Tür erscheint, sagt er: „Sie können jetzt nach Hause, ich lasse die Tür offen stehen, dann suchen Sie sich ein Auto, das Sie mitnimmt. Ich habe Sie hier auf einem Autobahnparkplatz abgestellt. Hier ist noch etwas zu essen." Mit diesen Worten dreht

sich der Unbekannte um und geht davon.
„Halt", ruft Frau Marinelli. „Nehmen Sie mich doch mit!"
Aber der Unbekannte ist bereits in das Fahrerhaus des Lasters eingestiegen, lässt laut brummend den Motor an und fährt davon. Frau Marinelli geht langsam wieder zum Container zurück. Im fahlen Mondlicht sieht sie einen Teller kalter Spagetti ohne Soße auf der Erde stehen.
„Bäh", sagt sie. „Bevor ich das esse, warte ich lieber bis morgen!" Sie schaut sich um.
Auf der Autobahn rauschen die Lichter der Autos vorbei. Von denen wird wahrscheinlich keins anhalten, denkt Frau Marinelli. Also dreht sie sich um und schaut in die Dunkelheit. Vielleicht gibt es in der Nähe der Autobahn ein Haus oder einen Bauernhof? Von dort aus könnte sie dann die Polizei anrufen.
Frau Marinelli geht vorsichtig los. Der Autobahnparkplatz ist von einem Zaun umgeben, über den sie zuerst klettern muss. Gerade als sie auf der anderen Seite herunterspringt, sieht sie ein Auto anhalten. Schnell klettert sie zurück, stolpert, fällt fast hin und rennt winkend auf das Auto zu. Doch bevor sie es erreicht, hört sie die Autotür ins Schloss fallen. Der Fahrer gibt Gas und Frau

Marinelli ist wieder allein.
„Ich möchte Weihnachten zu Hause sein!" ruft sie laut, und tatsächlich biegt kurze Zeit später wieder ein Auto in den Rastplatz ein. Frau Marinelli läuft zur Beifahrertür und klopft an das Fenster. Es wird einen kleinen Spalt breit geöffnet. „Können Sie mich mitnehmen?" fragt Frau Marinelli verzweifelt. Aus dem Auto dringt Gemurmel.
„Lassen Sie uns in Ruhe", hört sie dann eine Stimme. "Man weiß ja nie, was man sich da einhandelt."
Nach diesen Worten wird das Autofenster wieder geschlossen und der Wagen fährt davon.
Enttäuscht setzt sich Frau Marinelli auf eine der harten Bänke, die neben einem Tisch aus Beton stehen. Sie denkt an Waiblingen, an ihren Mann, an den kleinen Ferrari, den sie jetzt gerne im Arm halten würde.
„Kann ich Ihnen helfen?" Frau Marinelli schreckt auf. Sie muss eingeschlafen sein und jetzt wird sie plötzlich von jemandem aufgeweckt.
„Geht es Ihnen gut? Brauchen Sie Hilfe?"
Vor ihr steht ein freundlich aussehender Mann, der sich Frau Marinelli mit fürsorglichem Blick zuwendet.

„Können Sie mich mitnehmen?" fragt sie erleichtert. Dass sie entführt worden ist, behält sie erst einmal für sich. Vielleicht würde das den freundlichen Mann erschrecken und dann wäre sie wieder allein.

„Ja, gerne", antwortet der freundliche Mann statt dessen. „Steigen Sie erst mal ein. Ich habe es schon ein bisschen eilig. Sie können mir ja dann unterwegs erzählen, wo Sie hinwollen und was Ihnen passiert ist."

Erst jetzt fällt Frau Marinelli auf, dass ihr freundlicher Helfer keinen PKW, sondern einen ziemlich großen Laster fährt. SCHOKOLADEN-SPEDITION steht in riesigen Buchstaben auf der Verdeckplane.

Kurze Zeit später sitzt Frau Marinelli auf dem Beifahrersitz des LKW und hält eine Tasse heißen Tees aus der Thermoskanne des freundlichen Mannes in den Händen.

„Bringen Sie die letzten Schokoladen-Weihnachtsmänner in die Läden?" fragt Frau Marinelli zaghaft und neugierig.

Der freundliche Mann lacht laut auf und will gar nicht mehr aufhören zu lachen.

„Weihnachtsmänner!" ruft er. „Nein, ich bringe die ersten Osterhasen! Die Lagerräume der

Supermärkte sind leer, da kommen jetzt die Osterhasen hinein. Und bevor jemand überhaupt merkt, dass Weihnachten vorbei ist, stehen schon die Osterhasen in den Regalen."
Sein Lachen ist so fröhlich und ansteckend, dass Frau Marinelli erleichtert einfällt und ebenfalls aus vollem Hals lacht.

Neunzehntes Kapitel
Herr Füller hat etwas Wichtiges zu sagen

Der nächste Tag ist ein Samstag. Greta und Christiane sind früh zu Marinellis Nudelladen gekommen, um Herrn Marinelli beim Einkaufen zu helfen.

Auf dem Marktplatz sowie in der Langen und der Kurzen Straße ist samstags Markt. Die Marinellis kaufen die meisten Zutaten für ihre Nudeln und die Soßen frisch auf dem Markt ein. Für alles, was sie brauchen, haben sie verschiedene Stände, an denen sie die Verkäuferinnen gut kennen und freundlich bedient werden. Das Einkaufen ist normalerweise Frau Marinellis Aufgabe.

Greta und Christiane sitzen also an einem der kleinen Tische, jedes der Mädchen hat eine Tasse heißer Schokolade vor sich und gemeinsam schreiben sie an einem Einkaufszettel.

„Am besten fragt ihr am Gemüsestand, welche Kräuter meine Frau immer kauft, denn ich weiß es nicht so genau", erklärt Herr Marinelli. "Wenn sie nicht bald wieder zu Hause ist, müssen wir

vorübergehend schließen."
In diesem Moment klopft von außen jemand an die Ladentür.
„Hallo!" tönt es durch die geschlossene Tür. „Können Sie mir aufmachen?"
„Es gibt noch keine Nudeln", will Herr Marinelli abwehren. „Die Soße ist auch noch nicht fertig. Sie müssen später wieder kommen."
„Ich brauche keine Nudeln", lässt sich der Mann vernehmen. „Zumindest jetzt gerade nicht. Später kaufe ich dann vielleicht welche."
Herr Marinelli steht mühsam und langsam auf.
„Hoffentlich bringt der keine schlechten Nachrichten von meiner Frau", murmelt er vor sich hin, während er die Ladentür aufschließt. „Was wollen Sie denn dann?"
„Entschuldigen Sie", sagt der Mann freundlich, während er hereinkommt. „Mein Name ist Füller, ich bin Notar hier in der Stadt und für die Grundstücks- und Wohnungsverkäufe beim neuen Einkaufszentrum zuständig."
Herr Marinelli, Greta und Christiane sehen ihn fragend an.
„Sind Sie Herr Marinelli?" Herr Füller wendet sich dem Ladenbesitzer zu.
„Ja, sicher bin ich Herr Marinelli. Wissen Sie

etwas über meine Frau?"

„Langsam, immer eins nach dem Anderen." Herr Füller nimmt es anscheinend ganz genau. „Und wer seid ihr beide?"

Greta wird es mulmig. Herr Füller erinnert sie an einen Detektiv, den sie einmal in einem Fernsehfilm gesehen hat. Der Detektiv hat eine Zeugin befragt und in kürzester Zeit die Wahrheit herausgefunden.

"Ich bin Greta."

"Christiane."

Mehr bringen die beiden Mädchen nicht heraus.

"So, so", murmelt Herr Füller. Er stellt seine Tasche auf einen der kleinen Tische, öffnet sie umständlich und holt schließlich ein paar Papiere heraus.

„Kann sich jemand an diese Blätter erinnern?" fragt er jetzt mit strenger Stimme.

„Das ist der Vertrag", sagt Herr Marinelli. Greta und Christiane sagen nichts.

„Ja genau", fällt Herr Füller ein. „Das ist der Vertrag. Besonders interessant ist diese Seite." Er blättert den Vertrag um und legt die Seite mit den Geldsummen auf den Tisch.

„Was soll daran schon interessant sein", brummt Herr Marinelli. „Dieser Vertrag besiegelt mein

Schicksal. Ich bin pleite."
Doch Herr Füller beachtet ihn gar nicht. Er blickt Greta und Christiane direkt an.
„Ich glaube", sagt er dann, strenger noch als eben. „Ich glaube, jemand hat diesen Vertrag gefälscht!"
Greta und Christiane sagen noch immer nichts. Beide bekommen einen hochroten Kopf, es wird ihnen heiß.
„Was soll das heißen, gefälscht?" Herr Marinelli überlegt. Er weiß nicht, ob Herr Füller auf seiner Seite ist oder ob er mit Unfried Hecht unter einer Decke steckt. Und selbst wenn er auf seiner Seite ist, wäre es vielleicht am besten, sich dumm zu stellen.
„Wer soll denn den Vertrag gefälscht haben?"
„Ich nehme an", fährt Herr Füller fort, „dass es jemand war, der oder besser die, nicht wussten, dass es sich um Urkundenfälschung handelt. Und Urkundenfälschung ist ein Straftatbestand. Das bedeutet, dass der oder besser die Fälscher hart bestraft werden können."
„Aber wir konnten doch nicht anders", platzt es aus Greta heraus. Sie ist den Tränen nahe.
„Wir konnten doch nicht zusehen, wie Marinellis Nudelladen zerstört wird. Jemand will hier teure Wohnungen verkaufen und die Marinellis aus

dem Weg haben." Jetzt weint Greta richtig. Bittere Tränen laufen über ihr Gesicht, und auch Christiane schluchzt.
Herr Füller ist noch nicht fertig.
„Ihr habt Herrn Marinelli und Herrn Hecht getäuscht, indem ihr die Zahlen verändert habt. Und ihr habt Frau Marinelli in Gefahr gebracht, denn wir wissen nicht, was Unfried Hecht gemacht hätte, wenn er die Fälschung bemerkt hätte."
„Dieser Unfried Hecht ist so ein böser Mann", ist das Einzige, was Christiane noch sagen kann. Greta sagt nichts.
„So ihr beiden." Herrn Füllers Stimme klingt plötzlich anders, nicht mehr so eisern und hart. „Genug der Strafpredigt. Ich muss sagen, dass ich euren Mut und Einfallsreichtum bewundere. Ich wünschte, ich hätte in der gleichen Situation auch so mutig gehandelt. Denn natürlich habt nicht ihr Frau Marinelli in Gefahr gebracht, sondern Unfried Hecht. Er ist ein Entführer und Erpresser. Vielleicht freut es euch zu hören, dass er seit einer Stunde festgenommen ist und von der Polizei verhört wird?"
Greta und Christiane blicken verwundert durch ihre Tränenschleier. Herr Marinelli schaut stumm vor sich hin.

„Einen kleinen Wermutstropfen muss ich euch allerdings in eure heiße Schokolade schütten", fährt Herr Füller fort. „Aus dem preiswerten Laden- und Wohnungskauf im neuen Einkaufszentrum wird leider nichts. Ich habe die Verträge bereits für ungültig erklärt. Jedoch nicht wegen eurer Fälschung - von der wird offiziell niemand erfahren - sondern weil Unfried Hecht die Unterschrift von Herrn Marinelli durch die Entführung seiner Frau erpresst hat."
Herr Marinelli fängt plötzlich laut an zu lachen.
„Der Vertrag ist ungültig? Unfried Hecht ist im Gefängnis?" Er hält inne und wird wieder ernst. „Wo ist denn dann meine Frau?"
„Sie ist auf dem Weg hierher", berichtet Herr Füller. „Man hat sie auf einem Autobahnparkplatz frei gelassen. Es geht ihr gut."
In diesem Moment wird die Ladentür geöffnet und Frau Marinelli kommt herein.
Sie stürzt auf Herrn Marinelli zu.
„Endlich!" ruft er und sie fallen sich in die Arme.

Zwanzigstes Kapitel
Festliches Nudelessen

In seiner kleinen Gefängniszelle sitzt Unfried Hecht und starrt Löcher in die Luft. Er denkt angestrengt nach.
"Wie konnte das nur wieder schief gehen", fragt er sich. "Diese verdammten Gören haben mir einen Strich durch die Rechnung gemacht."
In diesem Moment öffnet sich die Zellentür einen Spalt breit und ein Teller wird herein gereicht.
"Mittagessen!" Eine unpersönliche Stimme bellt das Wort in den kleinen Raum.
"In der Küche ist der Strom ausgefallen. Deshalb ist das Essen heute kalt!" bellt die Stimme weiter.
"Na Klasse!" denkt Unfried Hecht und fängt an, mit der Gabel in den kalten Nudeln herumzustochern.

"Marinellis Nudelladen lebe hoch, hoch, hoch".
Die Stimmung in dem kleinen Haus direkt an der alten Stadtmauer ist sehr gut. Gerade hat Nicci Klaus eine kurze Rede gehalten, in der sie noch einmal an all die spannenden Abenteuer erinnert hat, die sie in der letzten Zeit miteinander erlebt

haben. Es ist der Tag vor Heiligabend, und alle sind bei Marinellis zum Essen eingeladen: Greta und Christiane, Nicci Klaus mit ihrem Mann, Friederike Neues und natürlich Paul und Paul, deren Café an diesem Tag erst später öffnen wird.
„Als wir hörten, dass sich ein Herr Klaus gemeldet hat, dachten wir zuerst, das wäre der Nikolaus", erzählt Greta gerade. „Wir dachten, es wäre ein Scherz."
„Ich weiß nicht, ob ich euch an den Computer gelassen hätte, wenn ich gewusst hätte, was ihr vorhabt", meint der eine Paul skeptisch und zwinkert Greta und Christiane zu.
„Wenn ich das gewusst hätte, hätte ich ihr dabei geholfen", erwidert der andere Paul.
Herr Füller, der Notar, der natürlich auch zum Essen eingeladen ist, steht auf und klopft an sein Glas.
„Ich bitte Sie, das Verhalten der Kinder nicht zu sehr zu loben. Wir wollen lieber nicht darüber sprechen, wer was getan hätte." Er sieht, dass Frau Marinelli mit der fertigen Nudelsoße zum Tisch kommt.
„Stattdessen möchte ich hiermit Kraft meines Amtes dieses Fest bei den Marinellis mit dem gemeinsamen Mittagessen offiziell eröffnen!"

Es schmeckt wunderbar. Es gibt allerfeinste, von Herrn Marinelli sorgfältig und mit viel Liebe zubereitete Bandnudeln mit einer Soße, an der Frau Marinelli nun schon seit dem letzten Abend kocht. Immer wieder hat sie unterschiedliche Flüssigkeiten hineingeschüttet und wieder verkochen lassen, immer wieder hat sie probiert und neu gewürzt. Schließlich sind die Töpfe und Platten leer und alle satt.

„Ich habe hier noch einen sehr interessanten Artikel", meldet sich Nicci Klaus zu Wort. „Dieser Artikel wird demnächst in der Fachzeitschrift PASTA UND SOSSE erscheinen. Ich weiß das, denn ich habe den Artikel selbst geschrieben. Der Artikel handelt von den besten Geheimtipps Europas für Kenner der Nudel- und Soßenszene. Es werden darin kleine, unabhängige Familienunternehmen besprochen und die Qualität von Essen und Service wird beurteilt. Es ist hier davon die Rede, dass ein gewisser „Marinellis Nudelladen" zu den besten kleinen Nudelläden gehört, die wir nicht nur in Deutschland, sondern auch in Italien ausfindig machen konnten. Besonders beeindruckt ist die Autorin übrigens von der Tatsache, dass die Soße, die es zu den Nudeln gab, von zwei Kindern..." Nicci schaut Greta und

Christiane an, die empört zurückschauen, „..oder besser zwei Jugendlichen gekocht wurde."

Ferrari liegt unter einem der kleinen Tische. Er hat sich in der Nähe von Gretas und Christianes Füßen zusammengerollt. Er ist von den Aufregungen der vergangenen Tage ganz müde geworden und schläft beruhigt ein.

Nudeln

400 g Weizenmehl
4 Eier
1 Prise Salz
2 große Löffel Olivenöl
Weizenmehl zum Ausrollen

Das Mehl auf eine Arbeitsfläche häufen und in der Mitte eine Kuhle machen.
Die Eier, das Salz und das Olivenöl miteinander verquirlen und zusammen in die Mehlkuhle schütten.
Mit den Händen geduldig zu einem gleichmäßigen, geschmeidigen Teig verkneten.
Dann den Teig für ungefähr eine Stunde in den Kühlschrank legen, damit er sich besser ausrollen lässt.
Anschließend in acht kleine Portionen zerteilen und jede Portion einzeln möglichst dünn ausrollen. Dabei soll Mehl benutzt werden, damit der Teig nicht klebt. Die dünnen Nudelplatten dann locker zusammenrollen und mit einem scharfen Messer Nudelstreifen abschneiden.
Die Nudeln in einem großen Topf mit sprudelnd kochendem Salzwasser für ungefähr eine Minute kochen.

Soße Bolognese

1 großer Löffel Olivenöl
1 großer Löffel Butter
50 g durchwachsener Speck, fein gewürfelt
1 Möhre, fein gewürfelt
1 Stange Sellerie, fein gewürfelt
1 Zwiebel, fein gewürfelt
1 Zehe Knoblauch, fein gewürfelt
500 g gemischtes Hackfleisch
1 Gewürznelke
1 Prise Zimt
Salz und Pfeffer nach Geschmack
2 große Löffel Tomatenmark
1 Dose pürierte Tomaten
250 ml Gemüse- oder Fleischbrühe

Butter und Olivenöl gemeinsam in einem Topf erhitzen. Die fein gewürfelten Gemüse und Speckwürfel darin andünsten. Sobald die Gemüsewürfel goldgelb sind, das Hackfleisch dazugeben und anbraten. Anschließend die Gewürze und die pürierten Tomaten sowie das Tomatenmark hineingeben. Alles gut verrühren und eine Minute schmoren. Mit der Brühe ablöschen. Die Soße aufkochen und anschließend auf kleiner Flamme ohne Deckel mindestens eine Stunde einköcheln.

Leckere Tomatensoße

2 große Löffel Butter
1 Zehe Knoblauch, fein gewürfelt
500 g frische Tomaten
Salz und Pfeffer nach Geschmack
2 große Löffel Sahne
italienische Kräuter nach Geschmack

Butter in einem Topf erhitzen. Fein gewürfelten Knoblauch dazugeben. Die Tomaten in Viertel schneiden und in die erhitzte Butter geben. Mit Salz und Pfeffer sowie den italienischen Kräutern würzen. Nicht länger als fünf Minuten kochen, da die Tomaten sonst zerfallen. Zum Schluss die Sahne zugeben, kurz aufkochen lassen und servieren.

weitere Bücher im Verlagsprogramm:

Mein Kindergebete-Buch

Mein Kindergebete-Buch
Diese umfangreiche Sammlung von bekannten und neuen Kindergebeten möchte dazu ermutigen, mit Kindern zu beten. Denn Kindergebete können ein Fundament sein, das ein Leben lang trägt.

78 Seiten, zahlreiche Abbildungen, Spiralbindung.
Mit einem Vorwort von Pfarrerin Dorothee Eisrich,
Illustrationen von Gisela Pfohl.
ISBN 978-3-938812-01-6
6,- Euro

Warum kommt Gott eigentlich nie vom Himmel runter?
89 Kinderfragen über Gott und die Welt

Kinder können einem Löcher in den Bauch fragen: Wie kann Gott uns hören? Warum hängt in jeder Kirche ein Kreuz? Warum gibt es beim Abendmahl nur so wenig zu essen?
Die kindgerechten Antworten von Dorothee Eisrich und Iris Förster wollen dazu ermutigen, Glauben und Alltag zusammenzubringen und ein Leben lang auf der Suche nach eigenen Antworten zu bleiben.

84 Seiten, zahlreiche Abbildungen, Paperback
Illustrationen von Gisela Pfohl
ISBN 978-3-938812-02-0
7,50 Euro